经典悦读（第十辑）

主编 徐飞

西南交通大学出版社
·成都·

图书在版编目（CIP）数据

经典悦读.第十辑／徐飞主编.—成都：西南交通大学出版社，2019.4
ISBN 978-7-5643-6824-1

Ⅰ.①经… Ⅱ.①徐… Ⅲ.①读书笔记–中国–现代 Ⅳ.①G792

中国版本图书馆 CIP 数据核字（2019）第 069135 号

Jingdian Yue Du（Di Shi Ji）

经典悦读（第十辑）

主　编	徐　飞
出 版 人	阳　晓
责任编辑	武雅丽
助理编辑	罗俊亮
封面设计	原谋书装

西南交通大学出版社出版发行　（028-87600564　028-87600533）

社址　四川省成都市金牛区二环路北一段 111 号
　　　西南交通大学创新大厦 21 楼（610031）
网址　http://www.xnjdcbs.com
印刷　四川煤田地质制图印刷厂

成品尺寸　150 mm×220 mm　　印张　13.25　　字数　148 千
2019 年 4 月第 1 版　2019 年 4 月第 1 次
ISBN 978-7-5643-6824-1　　定价　48.00 元

图书如有印装质量问题　本社负责退换
版权所有　盗版必究　举报电话：028-87600562

《经典悦读（第十辑）》
编委会

主　编：徐　飞

编　委：桂富强　朱健梅　冯晓云　何　川　沈火明

　　　　靳能法　汪　铮　崔　凯　周先礼　高平平

　　　　高　凡　张祖涛　张雪永　邱延俊　谭建鑫

　　　　陈岩峰　罗妍妍　阳　晓　任新红　阎开印

　　　　任平第

经典悦读

当下全社会读书的情形令人担忧。一方面，物质化、商业化和世俗化势不可挡，享乐至上和娱乐至死大行其道，新的"读书无用论"甚嚣尘上，相当一部分人几乎不读书；另一方面，互联网时代普遍的数字化，以及因电子浏览器和智能终端的广泛使用带来的阅读媒介多样化，使阅读越来越变得快餐化、浅表化和碎片化。大量的人群特别是青年人，将大把大把的时间耗费在武侠小说、玄幻小说、漫画、游戏上，或沉迷于看盗墓、读穿越、上微信、刷微博，从一个朋友圈切换到另一个朋友圈。为数不少的人虽然每天花费不少时间读报纸看杂志，了解新闻资讯，但主要关注的是事情、事件的发展、经过和结果，他们更可能感兴趣的是各种奇闻逸事，一些人更愿意围观各色低俗、庸俗和媚俗的娱乐八卦。这些阅读行为，一言以蔽之可称为"浅阅读"，恰如雅斯贝尔斯多年前感叹过的情形：人们草草阅读，只知追求简短的、能快速获知又迅速遗忘的讯息，而不是能引起反思的东西。

"浅阅读"风气的泛滥，有识之士不可不察。信息爆炸和阅读媒介的日益多样化，乃是时代发展和技术进步之使然，个人顺应此种趋势而动，当属自然。阅读本是十分个人化、个性化的事情，选择什么内容阅读是个人自由，采用什么方式读更是个人权利。但须明白，对于"阅读"这一行为的意义评判，不能仅仅停留在个体层面，阅读背后还关涉国家和民族。"浅阅读"的先天缺陷显而易见,即快速(即时性)、快感(娱乐性)、快扔(浅显性),以及快餐化、平庸化和碎片化。"浅阅读"势必给阅读品质带来不同程度的伤害:对个人而言,惯性的"浅阅读"式读报、读图、读网等行为一旦形成,将使阅读止于资讯获取和字面意思,难以进行深入思考;若全社会"浅阅读"风气盛行,势必助长浮躁心态和功利取向,势必侵蚀和拉低整个民族的文化底蕴和精神高度。

当然,"浅阅读"毕竟也是一种阅读,不能武断地加以否认和排斥,但应尽最大努力引导,将其引向"深阅读"。一位作家说得好,文化不体现在一个国家高楼大厦的多寡,也不体现在一个国家的基本建设,但一定关乎一个民族的魂魄和整体素质。文化培育和葆持,精神提振与光大,需要沉静潜心的"深阅读"。其中,"经典阅读"不失为一种有效的深阅读。众所周知,但凡称得上"经"称得上"典"的,都代表了所在时代的最高智慧。经典是经受住岁月考验而历久弥新的人类精华,值得用心去"深阅读"。但说到读经典,很多人很可能因其太过博大宏阔或高深艰涩望而却步。

诚然,阅读大部分经典确非轻松,当读者的学识积累和思维训练尚未达到应有程度,要读懂进而领会先贤圣哲的闳博睿思和学理旨趣,注定是个艰辛和充满挑战的过程。然而,正是因为经典本身的博大精深和阅读过程的丰富性、挑战性,才可带给读者最大程度的收获与享受。实际上,经典是可以"悦读"的,只是其"悦"不同于一般快餐读物浅薄的感官享受,而是体现为读者与作者间思想共鸣的"愉悦"和读者精神超拔的"喜悦"。经典"悦读"至少可在"知""情""意""志"四个层面上展开。

在"知"的层面上,经典阅读过程中认知的深化和知识的拓展，使人有"悟悦心自足"的释然。英国伟大的思想家培根所言"读史使人明智，读诗使人聪慧，演算使人精密，哲理使人深刻，伦理使人有修养，逻辑修辞使人善辩"，说的就是读书的妙处。"万般皆下品，唯有读书高"，更是对读书的极致推崇。经典是人类精神遗产的宝库和人类文化学术轨迹的里程碑，是书之上品和极品。阅读经典不仅有助于扩充知识，还有助于知识的专精、广博和贯通。更重要的是，对人与自我、人与社会、人与自然的关系有更深刻的体悟，对"真源了无取，妄迹世所逐"的世风有更敏锐的警觉，对光怪陆离、神奇诡谲的大千世界有更透彻的洞察。阅读经典可以使人思维更细密，视野更开阔，胸襟更博大，使人能在多元中把握主导，在多样中把握均衡，在多变中把握趋势，避免在选择中不知所措，在决断前迷惘茫然。经典悦读之"悦"，在于增广见识，培养智识，在于知古博今，消弭浅薄、固执与偏见，通晓人间正道。经过潜心研读，若能做到见微知著，举一反三，触类旁通，进而在本原中丰盈感性，在拓展中增强理性，在变通中提升悟性，"悦读"自当精妙绝伦。

在"情"的层面上，"悦读"是心的怦然，或如王安石的"两山排闼送青来"，抑或是皇甫冉的"闲看秋水心无事"。读书素来是一件雅事，是足不出户的旅游，书中江山多娇，风景独好。书间如梦，沉醉其中，捧腹开怀，乐而忘忧。阅读还是一种精神览胜，由于经典著作寄托着作者最真实、最深刻和最丰富的情感，书中人物的一颦一笑，一嗔一怒，痛苦与欢乐，恐惧与平和，卑微与崇高，苟且与担当，以及种种的悲欢离合、生离死别和爱恨情仇，都可以通过阅读来感受。书中的情怀与思想、跌宕与精彩，让人拈页展颜，击节叹赏。读者极有可能因书中的警策隽语、独识灼见和奇思高论,开心窍,启灵性。阅读还能将情感融入自我生命,升华自我人生。阅读中有泪水,有感动,有思索,有震撼,生活在滚滚红尘中的芸芸众生,历经了尘世劳碌或渡尽劫波,若个体心绪与书卷哲理结合,超拔的心境和顿悟便油然而生。阅读使自我平凡的人生不断放大,让人变得顶天立地;同时,又把人生还原成庸常,让人变得渺小而谦卑。读者通过这样的"阅读人生"嬗变,完成自身的精神发育。

在"意"的层面上,"悦读"表现为"会意"的欣然。卡莱尔说过,书籍里横卧着历史的灵魂,读经典就是在聆听一些高贵的灵魂自言自语。高尔基进言,当读一本好书的时候,你就在和很多高尚的人对谈。阅读之所以能成为"悦读",实为精神和精神的对话,灵魂与灵魂的交流。读者与作者就像两个忘年好友,穿越时光隧道,一见如故,相谈甚欢。读者心智成熟而沧桑的人生经验与书中的观点要旨水乳交融,人与书浑然一体;同时,对先贤圣哲的妙谛心领神会,灵犀相通。阅读中"会意"的生发,实际上已加上了读者自身的体悟和创造。易卜生曰:"不仅作家在创作,而且往往读者比诗人更像诗人。"阅读不是被动地接受,更不能迷信权威,膜拜经典,让自己的大脑和思维成为别人文本的跑马场。阅读是一种再创造,诚如鲁巴金所言:"读书就是借助他人的思想,开发自己的思想。"通过存养诘辩,质疑问难,解构建构,推陈出新,实现从"我注六经"向"六经注我"的飞跃。

在"志"的层面上,"悦读"体现为"高贵"的泰然和怡然。《说文解字》曰:"志,从心之声。志者,心之所之也。""志"超越功利,追随本心,不忘初心。读者通过经典去缅怀与感受那些古往今来仁人志士鲜活的人格风范和精神风骨,明志立志,且知行合一，毕生践履。在众多古今中外的经典著作中，左丘明的《春秋左传》、司马光的《资治通鉴》，艾得蒙多·德·亚米契斯的《爱的教育》及奥格·曼狄诺的《羊皮卷》，都是"明志"的典籍。屈原的"与天地兮比寿，与日月兮齐光"，曹操的"老骥伏枥，志在千里"，以及郑燮的"千磨万击还坚劲，任尔东西南北风"，还有海明威的"一个人并不是生来要被打败的，你尽可以把他消灭掉，可就是打不垮他"等名句，也是励志的绝佳箴言。坚持阅读经典名著，有意识地吟诵这些名言名句，并自觉将"志"贯注其中，志存高远，可以涵养自身的浩然之气。

综上，在"知、情、意、志"四个层面上，经典"悦读"的"悦"体现为释然、怦然、欣然和怡然。需强调指出的是，追求经典阅读的"悦读"境界，需要下大力气和苦功夫。特别地，作为学术共同体和社会灯塔的大学，作为培养青年和未来接班人的大学，应当切实地担负起应有的引领责任。有鉴于此，西南交通大学近年来大力开展"经典悦读"活动，并先后推出了经典阅读推荐书目2014版、2015版、2016版。今后还将根据师生的阅读反馈，不断修订、补充和完善，适时推出年度推荐书目。学校倡导"经典悦读"活动，旨在扭转当前大学生浅表性、碎片化的阅读倾向，倡导严肃认真的深度阅读，重申读书本然的价值性。同时，在潜心研读的过程中，体悟高层次审美愉悦。活动开始后，学校官网主页专门开设"经典悦读"栏目，不断刊出高质量的读书心得、书评及随笔。虽然有些文章提及的书并非在学校推荐书目中，但这不重要，重要的是已实现了活动的初衷，即以推荐书目为引导，激发师生对书的热爱和对阅读的热情。这套丛书的出版，就是我们倡导"经典悦读"的阶段性成果。

衷心希望"经典悦读"系列丛书的出版,能为书香社会的建设尽一份绵薄之力。希冀读者能多读书,读好书,好读书,真正把读书作为一种生活方式,并尽享读书带来的无穷乐趣。

徐飞 博士
西南交通大学校长

目 录 CONTENTS

001　经典悦读　　　　　　　　　　　　　徐　飞
001　金玉卓：《左传》漫谈
007　黄鑫桂：笔墨珠玑，好一场若梦浮生
　　　　——读《浮生六记》有感
013　罗宇靖：时间中的大智慧
　　　　——读《时间简史》有感
019　周　姝：踏过三洲且吟行
　　　　——读《苏东坡传》有感
025　王文双：一部叫作《史记》的书
032　王楚可：于浊世中做一逍遥人
　　　　——读《我是猫》有感
038　卢学民：再读《围城》
044　谭　笑：铭记苦难中的知青精神
　　　　——读《习近平的七年知青岁月》
052　王　轶：从颠覆到选择
　　　　——读《进化》及相关书籍有感
060　王喆桅：《生命是什么》读后感
066　陈晓峰：层雪飘渺于虚无
　　　　——读《雪国》
071　王　鑫：读《乌克兰拖拉机简史》有感
077　刘媛媛：本能与规则
　　　　——《蝇王》读后感
084　高　峦：诗三百，思无邪

090 靳籽玉：美，与悲剧
　　——关于《边城》的一点想法

097 孙文斌：《美的历程》读后感

103 巫烁理：《孤独深处》读后感

109 王浩然：生活不止"六便士"，还有"月亮"

116 裴　霞：纸短情长
　　——读《查令十字街84号》有感

122 崔　倩：重读《论语》有感

128 周欣然：梦里不知身是客
　　——读《浮生六记》

133 牟　筱：肉眼看不见的东西
　　——读《小王子》有感

138 杜明阳：见信如晤，以之为检
　　——读《十九札》有感

143 张紫竹：如　梦
　　——《金陵十三钗》读后感

148 覃柳静：《数字化生存》读书笔记

154 林静英：愿生如夏花般绚烂
　　——读《活着》有感

157 冯　越：读《瓦尔登湖》有感

161 曾向阳：勇者无惧
　　——读海明威《老人与海》有感

168 附　录

CONTENTS

001   Enjoying Classics   Xu, Fei
001   Jin, Yuzhuo. Talk about *Zuo Zhuan*
007   Huang, Xingui. Graceful writings, what a good dream. Reading *Six Chapters of a Floating Life*
013   Luo, Yujing. Great wisdom in time. Reading *A Brief History of Time*
019   Zhou, Shu. Cross three continents and chant. Reading *The Biography of Su Dongpo*
025   Wang, Wenshuang. A book called *Records of the Historian*
032   Wang, Chuke. Be a happy man in the turbid world. Reading *I Am a Cat*
038   Lu, Xuemin. Rereading *Fortress Besieged*
044   Tan, Xiao. Bear in mind the spirit of the educated youth in misery. Reading *Xi Jinping's Seven Years of Educated Youth*
052   Wang, Yi. From subversion to choice. Reading *Evolution* and related books
060   Wang, Zhewei. Reading *What Is Life*
066   Chen, Xiaofeng. Snow drifting in nothingness. Reading *The Snow Country*
071   Wang, Xin. Reading *A Short History of Tractors in Ukrainian*
077   Liu, Yuanyuan. Instinct and rules. Reading *Lord of the Flies*
084   Gao, Luan. Three hundred poems and pure thought.

090　Jin, Ziyu. Beauty and tragedy. Reading *Border Town*

097　Sun, Wenbin. Reading *The Path of Beauty*

103　Wu, Shuoli. Reading *Deep Loneliness*

109　Wang, Haoran. Not only present, but also poetry and distance. Reading *The Moon and Sixpence*

116　Pei, Xia. Paper is finite but love forever. Reading *84, Charing Cross Road*

122　Cui, Qian. Reading *The Analects of Confucius*

128　Zhou, Xinran. Unidentification of oneself while dreaming. Reading *Six Chapters of a Floating Life*

133　Mou, Xiao. What is essential is invisible to the eyes. Reading *Le Petit Prince*

138　Du, Mingyang. Letter of notes. Reading *Nineteen Zhas* by Zhu Qingsheng

143　Zhang, Zizhu. Like a dream. Reading *The Flowers of War*

148　Qin, Liujing. Study notes of *Being Digital*

154　Lin, Jingying. Let life be beautiful like summer flowers. Reading *To Live*

157　Feng, Yue. Reading *Walden*

161　Zeng, Xiangyang. Brave without fear. Reading *The Old Man and the Sea*

168　Appendix

金玉卓

【作者小传】

　　金玉卓，女，河南南阳人，人文学院2017级研究生，专业方向为中国语言文学——汉语言文字学。平时喜欢读书、喜欢旅行，读万卷书是知识学问的博览，行万里路是实践经验的积累，身体和灵魂总要有一个在路上。最喜欢的一句话是"莫问前尘有愧，但求今生无悔"。可以追悔过去但是别消沉，可以憧憬未来但是别一直做梦，怀着一颗平常心，活在当下不虚度时光，然而，理想很美好，懒惰和拖延也很恼人啊……芸芸众生中我只是普通的一个，为了平凡而不平庸的生活，且努力前行吧！

《左传》漫谈

《左传》与《春秋》的关系

《左传》,〔春秋〕左丘明著,中华书局

《左传》以《春秋》为纲,记述了鲁国隐公元年(前722)至哀公二十七年(前468)二百五十多年间的历史,涵盖了整个春秋时期。《左传》全书十余万字,内容涉及政治、军事、文化、社会等多方面,是了解先秦历史和社会风貌的一部重要著作。《春秋》非常简略,记述事件往往只有一句话,更像是一部大事年表,显得枯燥无味;而《左传》根据史实对《春秋》扩展补充,内容十分丰富,可读性大大增强。可以说,抛开《春秋》,《左传》仍是一部可以独立成书的波澜壮阔的巨著,不读《左传》,则读不懂《春秋》。《春秋》如同一部言简意赅的教材,《左传》则是对其条分缕析的教辅。

《春秋》由孔子编订,被儒家奉为"经",神圣不可亵渎。"孔子成《春秋》,而乱臣贼子惧",这不是危言耸听。一句"赵盾弑其君",一个"弑"字,把赵盾永远钉在了历史的耻辱柱上。然而,我们读《左传》,发现赵盾似乎跟乱臣贼子不沾边,秉笔直书的董狐似乎也称不上"古之良史"。孔子为赵盾感到惋惜,但同时又赞同董狐的观点,他给出的解决方案是"越境乃免",这看起来有些荒唐。深究其原因,盖因孔子追求的是政治正确:国君有错,臣子只能劝谏,君君臣臣,礼不可废。如果没有《左传》作辅助,我们就理解不了"赵盾弑其君"背后的深意。《春秋》记事有很强的政治意义,而不是追求客观真实。《三国演义》中夜读《春秋》是武夫子关羽的经典形象,然而,正史中关羽读的是《左传》,并不是《春秋》。读《春秋》是为了彰显关羽的忠义形象,而读《左传》则表明了关羽的军事修养。

《左传》所描述的社会结构

上文提到,孔子编订《春秋》追求政治正确,归根结底是因为一个"礼"字。儒家学说中繁复的礼仪令人生畏,在今天看来很多琐碎的细节是不必要的,甚至是迂腐的。要理解孔子尊崇的礼制,不能抛开儒学产生的土壤,而《左传》为我们了解春秋时期的社会结构提供了很好的底本。我们知道,周初实行分封制,周天子将广大的领土分给大大小小的诸侯,诸侯国内还要逐级再行分封,加上贵族之间的联姻,周天子与诸侯之间、诸侯与诸侯之间、诸侯与士大夫之间,形成了剪不断理还乱的亲缘关系。理解了这一点,就能明白为何《左传》中的战争描写总是透着一股贵族的优雅。春秋时期的争霸之战往往有节制有底线,不会你死我活打得太难看,而战国时期的灭国大战就要血腥残酷得多。

在分封制的社会环境下,政治关系的本质其实是家族关系,管理好一个贵族之家不亚于治理一个小国,儒家的"修齐治平"在这种社会结构下是行得通的。在一个小的诸侯国内,家规往往就是国法,在这样的政治环境下,倡导人人平等几乎是不可能的,如同我们不会在家里讲求平等一样。整个社会靠血缘纽带和宗法关系维系在一起,礼制就显得尤为重要。繁琐的礼制让生活中的各种细节都充满了仪式感,其核心是"定亲疏、决嫌疑、别同异、明是非",时时提醒着人们各安其位、各司其职,不要有非分之想,最终目的是维护宗法社会的和谐稳定。春秋时期的社会结构和秦汉以后的中央集权社会有很大不同,分封制是儒学诞生的土壤,随着冶铁技术的发展,生产力获得了极大的提高,分封制下的社会结构已经很不稳定,"礼坏乐崩"是不可避免的,孔子恢复周礼的政治理想自然难以实现。

《左传》的军事价值

前文说读《左传》的关羽凸显了其军事修养,这似乎让人难以理解。提到兵书,我们首先想到的很可能是《孙子兵法》,而不会是《左传》。《孙子兵法》被称为"兵学圣典",全书六千余字,字字珠玑,偏重于理论,而《左传》中汇集了大量春秋时代的实战战例,其战争描写可谓丰富精彩。从战争背景到战争过程,从战前谋划到战后总结,从内政外交到战争得失,叙述完整,堪称一部军事教科书。以《鞌之战》为例,作者通过人物的细节描写带动情节发展,用六百来字展示了整个战争过程,并揭示了影响战争胜负的因素。齐侯的轻敌是两军对战时的大忌,加上晋国一方作战英勇,行事果断,善于抓住时机,"齐师败绩"是必然的。如果说《孙子兵法》的简练精辟类似于数学公式,那么《左传》

就是丰富细致的数学例题，相对来说，《左传》的实用意义更强。

除关羽外，历史上喜欢读《左传》的将领大有人在，比如东汉的冯异、南朝的羊侃和王僧辩，西晋的名将杜预更是称自己有"《左传》癖"。他是灭蜀平吴、完成统一大业的开国功臣，不仅如此，他还学识渊博，堪称文武全才。杜预的《春秋左传集解》是历史上影响最大的《左传》注本，并被收入《十三经注疏》。传统学术讲究传承，师承关系非常重要，汉代刘向为《左传》的传承脉络做过梳理：左丘明传曾参，曾参传吴起……吴起是战国时代的军事名家，与《孙子兵法》的作者孙武齐名，我们有理由合理揣测，《左传》中的军事描写经过了吴起的润色统筹，因此，历代名将拿《左传》当作兵书来读也就说得通了。

《左传》的小说笔法

《左传》的故事性很强，具有很高的文学价值，作为一部史书来看，其真实性似乎要打些折扣。历史上怀疑《左传》可信度的大有人在，普通读者也能找出许多《左传》的叙事破绽，例如上述"鞌之战"中两国君臣之间的对话，是如何流传下来并被记录在册的呢？再如"晋公子重耳之亡"，故事时间跨度大，涉及人物众多，情节曲折复杂，但作者选材详略得当，叙事张弛有度，从中可以明显感受到重耳的成长轨迹，文中人物性格前后对比明显，整个故事结构完整，逻辑严谨，但史实真的会如此完美吗？孔圣人编订《春秋》，《左传》与《春秋》出现分歧之处，似乎采信《春秋》的说法更为可靠，但《春秋》太过言简意赅，没有《左传》的辅助很难读懂，那么，我们对于《左传》记述的历史该采取什么态度呢？

《左传》不像《春秋》那样一字褒贬、简单陈述历史，而是重视事件的完整性，对前因后果交代得比较清楚，不乏精致的细节刻画，塑造了许多鲜活的人物形象，力图展示春秋时代几百年间的生活图景。《左传》的叙事手法似乎更像小说，其实，历史与小说本就是同源异流的，代角色拟言的小说手法源自古代史学家，通过故事认知世界是人类本能的认知模式，无论《左传》对史实的把握是否真切，其所呈现的整体细节与观念都是翔实可靠的，比如《左传》所展示的春秋时代的社会结构、生活方式及思想观念等都是可信赖的，因此，《左传》并不会因其小说笔法而失去信史的价值。

　　《左传》所描述的春秋时代，与秦汉以后的社会有很大区别，了解先秦历史绕不开《左传》，不仅如此，《左传》在传统典籍中具有高屋建瓴的意义，两千多年历史中的许多沿革与争议，都可以追溯到《左传》的世界。

黄鑫桂

【作者小传】

黄鑫桂，经济管理学院2016级工程管理一班。偏爱执着，凡心所向，素履以往。大学以来，甚惜阅读之光阴，以为阅读可以平复心绪，宁静而后致远，以阅读开阔视界，广闻才有望通达。在阅读时爱好以角色代入的方式展开，以期身临其境，感知人物所思所想，得其悲欣，交集心间，由此阅读开阔了生命的更多维度。学习之余，享受悠闲漫步的旅途，爱好用镜头定格沿路风光，记录人间零星画面，用经常记录的方式让生活丰富而有趣。更多的是随性而往，有时恍恍惚惚，到不期而遇之时，甚是欢喜。继续眺望，继续前往。

笔墨珠玑,好一场若梦浮生

——读《浮生六记》有感

初读《浮生六记》,我是带着看"六记"的满怀期待去读的,读到第四记"浪游记快"文末的时候,再翻页,映入眼帘的"中山记历(原阙)""养生记道(原阙)",几个醒目的大字让人有些恍惚,仿佛是一首旋律连贯而悠扬的曲调戛然而止。其实所谓"六记"之中,能够为后人所观阅的只有前四记《闺房记乐》《闲情记趣》《坎坷记愁》《浪游记快》了。

《浮生六记》,〔清〕沈复著,广陵书社

唏嘘感叹为之惋惜的同时,又觉得前四记的内容已然是恢宏巨制,不容小觑。我也只是把它硬生生地读完了,在从古至今的千千万万的读者中仿若沧海之一粟,下文所谈及的也即是阅读过程中最为直接的感受,大概只是"浅尝"。不过,同时我也放心了,因为即便我有说得不妥当的地方,也不会对这样一部穿梭岁月、贯通古今的经典之作的地位有些微的摇撼。下述几分小感，愿君略问其详。

开卷，即是《闺房记乐》，某些"走心"的读者会不会像我一样开始有些"浮想联翩"了，其实这一部分讲的是作者沈复从小结识聪慧柔和的陈芸，便有"若为儿择妇，非淑姊不娶"的誓言。而后，他们果真结为夫妻，而这一部分的笔墨即倾注于塑造芸这样一位率真纯洁而浪漫多才的家庭妇女形象，也可以说整个"浮生"，都有关于这位女子的可爱之处的诸多叙述，且允我班门弄斧，一一道来。

有一段关于陈芸神态的直接描绘甚是细腻传神："削肩长项，瘦不露骨，眉弯目秀，顾盼神飞，唯两齿微露，似非佳相。"寥寥几语，好似已见其人，又如雾里探花。著名作家林语堂也曾评论这浮生中的"芸"，说："芸，我想，是中国文学上最可爱的女人。""可爱"二字，已然足矣，容不得其他的描绘来添足了。

芸的丈夫，也即沈复，在"记乐"的同时也是在刻画芸的形象。比如说"岂敢""得罪"成了夫妻之间常用的口头禅，其实是芸把对丈夫的敬爱既怀于心间又溢于言表，因着这份默契，他们"耳鬓相磨，亲同形影"；再比如一次他们谈及所推崇诗人时，芸道她偏爱李白之"潇洒落拓"，赞其诗如"落花流水"，偏偏不青睐杜甫诗的"锤炼精纯"。她偏爱"活泼"其实也是她的可爱之处，而如此文雅可掬的芸，自然也时时能够应和丈夫油然而生的诗情雅趣，曾写下"触我春愁偏婉转，撩他离绪更缠绵"的佳句，可谓"闺"中多此一乐，岂不美哉，我还暗自感慨沈复之幸福呢！

此外，还有他们同游幽雅清旷的沧浪亭对月感怀的雅致之事；还有去拜扫堂伯父路上拾掇有苔纹的乱石以叠盆山；甚至还有结实憨园，认她作姊妹，动情地邀她作自己丈夫的妾，等等，无不把芸的可爱多情、温柔浪漫刻画得淋漓尽致，仿佛呼之欲出了。

如果说《闺房记乐》的"乐"是这一部分的明线，那么应该有一条暗线则是芸多愁善感和多病体弱的"悲"。这一点在《闺房记乐》的最后几多描述。"后憨为有力者夺去，不果。芸竟以之死。"说的是憨园嫁到了有权势的人家，她为夫寻妾未成还被结拜的姊妹辜负了，从此一生抑郁，这其实对芸的早逝也有很大的影响。这一掺着"悲"的情绪的暗线在这一章若隐若现，而在第三卷《坎坷记愁》中便逐渐明朗了起来，而"乐"则一直贯通到《闲情记趣》和《浪游记快》这两记。

由此我们也不难发现，在沈复记叙的大半生经历里，欢愉和悲愁始终是其间的两大主旋律。"欢"与"悲"相互对照又相互交融，此起彼伏有如抑扬顿挫之势，由此最能打动人心，也最能引起许多读者情感上的共鸣。下面依然摘取文中佳句和片段就"欢为何""悲何来"讲述我的几点薄见。

《闲情记趣》中，我曾经学习并熟读过《童趣》的内容，于是在此处读来很亲切，仿佛老友相见，也着实要刮目相待了。"私拟作群鹤舞于空中"一句仍自成于心头，不过沈复所述之"趣"远不止于草虫花鸟。由其"浮生"观来，沈复所谈闲情繁多，喜欢修剪盆景和插花艺术，还颇有自己的一番见地；也爱好"园亭楼阁"间的布景，更有"大中见小，虚中有实，实中有虚，或藏或露，或浅或深"的见解；最快乐的应该是与友人沿曲径而通幽，往诸如萧爽楼、南园北园等地酣饮畅谈，"或歌吟，或长啸，大畅胸怀"，可谓快哉。此外还有如许，不胜枚举。值得一提的是，在这许多闲趣之中，芸其实也扮演着重要的角色，关于"芸"的部分的记述，自然不是闲笔。有时，芸陪丈夫同往，她也是爱吟诗作词之人，由此更是增添了一份雅诗美词之趣；有时芸提出了各种可行的建议并把出行饮食等事宜安排妥当。凡此种种记述，无不在细腻而又真实地勾勒着这位女子的温柔可爱。

相较之下，《浪游快记》之中则多友人而少芸的身影了，大概是因为作者在记叙完《坎坷记愁》中的人生的颠簸曲折后，因芸逝去心情万分悲痛沉重而不愿再往伤心处追忆了。同时，也有客观的原因，即是事实上芸也不大可能随着其丈夫沈复四处游历，即便她确实有那份情怀和志趣。

在读《浪游记快》这部分的时候，仿佛随着作者的游历——或登高或望远或临阁或涉水或驾舟，因而眼前所见仿佛也随着其变换万千，有时甚至有目不暇接之感，佩服其"襟怀高旷"。有如"轩临峭壁，下凿小池，围以石树，一泓秋水""阆苑瑶池，琼楼玉宇""新涨初辟，尚无街市，茫茫芦荻，绝少人烟"等等，字字珠玑，美不胜收。我想我是不是该学学作者的"少年豪兴，不倦不疲"，游历趁年华。若有机会，也想循着书中所记亲历一番，只是沧海桑田，变化之多之大，古今之景应该是相去甚远了。

这浮生半梦半醒之间，尽游历风光无限，大概也不算是虚掷光阴了吧，反倒是只有沈复那宽襟阔怀，才能在坎坷蹉跎的际遇中寻觅此番快活。

沈复所说的"坎坷"为何？其主要在于他"多情重难，爽直不羁，转因之为累"。他的"多情"在于父母兄弟和芸之间。芸时常咽着冤苦而不愿诉说，因郁闷而多病，他心疼她又有心无力；因家父一时的误解他和芸迁居在外，与子女作别，却不料这期间芸因病逝去，此一别竟成了母子的永别；等收到女儿的来信才得知家父逝世的消息，归去时已经阴阳两隔；尔后他再随友人赴四川，其儿与他告别时涕泣连连，后来他才得知他的儿子在几个月后因疾去世了……"从此扰扰嚷嚷,不知梦醒何时耳。"

"乐""趣""愁""快""历""道"也即是"浮生"之百味杂陈,我大概只是浅尝了几分,毕竟那是漂浮一生的阅历和感怀,能有些许共鸣于我而言已经是幸事。

写到这儿,仿佛自己也还没有醒来,或许还在作者的梦境中作那"烟火神仙",或许根本就还没有从自己的浮生梦中清醒过来,也或许其实根本不需要醒来。

愿此梦"上下光洁,纤尘不染"。

罗宇靖

【作者小传】

罗宇靖,电气工程学院2018级电气2班,性格开朗,爱好广泛,喜欢看科幻小说,喜欢打羽毛球。我进入大学已经一学期了,对大学生活已经有了一个初步的认识,但是,这里仍然有许多未知的挑战在等待着我。虽然大学没有高中那么大的学习压力,然而繁多的科目也让我时有懈怠。这时,一本科幻小说便可让我放飞思绪,缓解压力。希望通过四年的大学生活,我可以开阔眼界,增加阅历,过一个精彩的大学生活。

时间中的大智慧

——读《时间简史》有感

《时间简史》,(英国)史蒂芬·霍金著,许明贤、吴忠超译,湖南科学技术出版社

宇宙是人类从远古时代至今一直不懈探索的神秘空间。当通过哈勃望远镜观测到来自宇宙10亿光年以外星系的光时,我们不禁会感慨时间在宇宙中到底拥有一个怎样重要的作用。无论是年少的还是年长的,人们总是去不断地学习,为的是能更好地了解我们周围的各种事物。在人们求知欲的强烈"催促"下,一本帮助我们了解和探索宇宙奥秘的巨著——《时间简史》也便应运而生。

《时间简史》的作者是现代最伟大的物理学家之一:史蒂芬·霍金。霍金先生从小便在物理学方面表现出过人的天赋。第二次世界大战爆发之后,霍金一家搬离海格特的家园迁到牛津避难,据说在此期间,他曾用一些废弃用品做出一台简单的电脑。1959年17岁的霍金入读牛津大学的大学学院攻读自然科学,用了很少时间便得到一等荣誉学位，随后转读剑桥大学研究宇宙学。就在人们认为这位物理学天才必将在接下来的人生道路上顺风顺水，获得令世人瞩目的成就时，厄运却降临在他的身上。

1963年，21岁的他不幸被诊断患有肌肉萎缩性侧索硬化症即运动神经细胞病。当时，医生曾诊断身患绝症的他只能活两年，可他一直坚强地活了下来，并在宇宙物理和量子物理方面取得了伟大的成就。

《时间简史》是一本对大众极具吸引力的宇宙学著作。在这本书中，霍金先生试图把宇宙描述成一个有限但无边界的空间，它是完全自足的，没有开始也没有结束，它就是存在。无序度或熵随着时间增加是一个所谓的时间箭头的例子。时间箭头将过去和未来区别开来，使时间有了方向。至少有三种时间箭头：第一个，是热力学时间箭头，即是在这个时间方向上无序度或熵增加；然后是心理学时间箭头，这就是我们感觉时间流逝的方向，在这个方向上我们可以记忆过去而不是未来；最后，是宇宙学时间箭头，在这个方向上宇宙在膨胀，而不是在收缩。

其实我在此之前曾经有过无数次冲动想要去尝试读这本书，但当每一次看到或听到有关这本书的评论时，又被它艰难晦涩的内容所阻挡在封面之外，就这样直到今年寒假我才终于鼓起勇气翻开了这本书。初读这本书，特别是前几章的内容，我差点又被自己的懒惰打败。前几章内容主要是讲述宇宙学中的一些基本理论和概念，例如：宇宙大爆炸理论、宇宙膨胀理论、不确定关系等。以我现有的知识水平和能力，我几乎是不可能完全理解这些理论的。随着阅读的深入，我逐渐对这些看似枯燥无味的理论产生了兴趣，并尝试去查阅这本书之外的有关这些理论的其他相关资料。

关于宇宙大爆炸的理论，文中提到宇宙大爆炸发生 1 秒钟后温度降为 100 亿度，那么爆炸前的温度是多少呢？在网上查找相关资料后知道宇宙大爆炸前的温度为 10 的 32 次方绝对温度。这是经近代高能物理学家所证明的温度。虽然这庞大的数字、特殊的单位我都无法理解，但我能感受到自己的渺小。

接下来这本书又以通俗和大众化的语言为我们简明介绍了黑洞和黑洞基本理论。这让我认识到了黑洞绝不仅仅只是一个"黑色的洞"，而是一个具有强大引力，甚至连光都不能从中逃逸出来的特殊天体。这让我进一步深刻地认识到了宇宙是一个充满着奥秘，让我们持续不断探索的神秘世界。

"随着科学理论在描述事件方面的成功，大部分人进而相信上帝允许宇宙按照一套定律来演化，而不介入其间使宇宙触犯这些定律。"许多相信上帝存在的人总是认为宇宙是由上帝所开创的，但是，如果宇宙的的确确是完全自足的，没有边界或边缘，它就既没有开端也没有终结：它就是存在。那么，还会有上帝的存身之处吗？

这些观点使我自己也对宇宙产生了新的思考。从前我始终认为人类或许是宇宙中的唯一霸主，终有一天人类一定能够征服宇宙。然而，当我知道人类只不过是这宇宙的时间长河中的沧海一粟时，我不禁会想在我们的太阳系甚至是银河系之外是否还存在与我们人类类似的高级生命。随着现代科技的进步，这些疑问将在不久的将来——得到解答。

穿越虫洞进行时空旅行相信是不少科幻迷们的梦想，霍金先生也在本书中对这种想法给予了肯定。他构想了一种将时空弯曲起来的办法，这样使得 A 和 B 之间有一近路，那么虫洞就是一个时空细管，把两个相隔遥远的几乎平坦的区域连接起来。

然而，如果我们可以时间旅行，我们回到过去的时间。或者我们可以从这个星球到另外一个星球去。因为空间和时间是连续的，过去的空间和过去的时间已经成为现在的空间和现在的时间，我们也就是回到了现在。这有意义吗？我们从现在回到现在，过去的某一时刻的时间和空间仍然在某个地方以某种形式存在，它们明显已延续成了现在。所以我们还会待在这条弦上。否则，如果我们回到过去采取行为改变重要的发展历史，那么世界将向另外一个方向发展，那回到过去的我们又谈何存在？

为此，人类还要付出或许几百年的精力才能实现这个伟大的梦想，正如没有人能预测你的未来会怎样，一切都要交给时间。或许在不久的将来，人类就能进行太空旅行，或许仍然在浩瀚的宇宙面前无所适从。人类需要了解自己，以前的自己，人类渴望了解，在不断了解中不断进步，不断地走向未来。

最后，本书给出了物理学的统一结论的观点。然而，我们为了完全理解发生在我们周围的事件，以及我们自身的存在，仅仅找到基本定律的完备集合是远远不够的。我们需要发展更好的近似方法，使得在复杂而现实的情形下，能做出对可能结果的有用预言。这个时候，我们所有人，包括哲学家、科学家以及普普通通的人，都能参与讨论我们和宇宙为什么存在的问题。

颇值得一提的是，本书的最后还列出了一个小附录，里面给出了本书中出现的常用物理学名词表，这也是本书大众化的一个重要体现。

除却创作了《时间简史》这本巨著之外，霍金先生更值得我们去学习的是他坚忍不拔的精神。他终年坐在轮椅上依靠一个电脑发声合成器，以正常人十分之一的速度与人"交谈"，但他却同其他科学家一样，用自己的经历告诉他人：执着的探索精神是生命的最大动力。我除了惊叹于本书给我们带来的宇宙盛宴，更惊叹于这位伟大科学家给予我的精神洗涤。

周　姝

【作者小传】

　　周姝，来自名山坐落之域、三江汇聚之地的嘉州乐山，现就读于茅以升学院2017级交通运输类专业，是一位追求"毫端蕴秀临霜写，口齿噙香对月吟"的工科女生。爱阅读，爱文学，爱电影，爱运动；爱记录生活，爱分享感知；爱将所感所想变成文字，爱用文字慰藉心灵；爱用阅读平衡每日的忙碌，爱在忙碌里寻找自我的真实。爱在这个"分心"的世界里，练习全情投入。

踏过三洲且吟行

——读《苏东坡传》有感

《苏东坡传》，林语堂著，张振玉译，陕西师范大学出版社

小时候不求甚解地背过"竹外桃花三两枝，春江水暖鸭先知"，道不明为何身在庐山中就不能识其真面目。慢慢地，我读出了"十年生死两茫茫，不思量，自难忘"的沉痛凄凉，领略了赤壁当年的风云迭起，也曾在中秋月圆之时，有着"但愿人长久，千里共婵娟"的美好祈愿。

作为苏东坡的半个老乡，一直以家乡嘉州毗邻东坡故里眉山为傲，不满足于仅从诗词作品中了解这位历史人物，于是我翻开《苏东坡传》，跟随着一代国学大师林语堂先生，从质朴而睿智的文字中，品读苏东坡坎坷而伟大的一生。

全书以时间为序，共分为四卷：童年与青年、壮年、老年、流放岁月。该书不是单纯地讲苏东坡在什么时候，做了什么事，写了哪些作品，去了哪些地方，而是在讲述苏东坡生平事迹的同时，分析宋史，阐明当时多变的政治时局和复杂的人物关系，并附有其他相关人物典型事迹的叙述，或正面彰显，或侧面烘托。可谓是由讲史以写人，由写人以传道。

的确，人物与其所处的时代背景是分割不开的，仅写人物则不足以动情，单写背景则颇显空虚。林语堂先生的生花妙笔，在北宋厚重的政坛风云画卷上叙写着苏东坡一生的诗情词意。

博学多才通词文书画，一蓑烟雨任旷意人生

"迢迢绿树江天晓，霭霭红霞海日晴。""人生到处知何似，应似飞鸿踏雪泥。"

苏家的家风淳厚优良，父母赐予了苏东坡童年良好的诗书教育，他少年才俊，高中科举，壮志凌云，才华纵横，在中国文坛上一直拥有着有无可替代的高位。林语堂在传记中也对苏东坡的才华给予了高度的肯定和赞扬："他是个秉性难改的乐天派，是散文作家，是新派的画家，是伟大的作家……是月下的漫步者，是诗人，是生性诙谐爱开玩笑的人。"苏轼兼修儒、释、道，在诗词、散文、书法、绘画方面都达到了登峰造极的程度，他还大胆地尝试酿酒、制墨，修炼瑜伽术，亦同历代众多文人、君王一样追求着长生的境界。

孝宗曾为《苏东坡集》写序言，盛赞他浩然正气的伟大；仁宗的皇后救他于受审之时；英宗的皇后拔擢他为翰林学士；神宗的皇后不顾谗言诽谤，坚信他始终忠于朝廷；高宗读他的遗著，敬佩他的谋国之忠和至刚大勇，赐他的孙子苏符高官以表追念；孝宗追赐他谥号文忠公，又封太师官阶。仁爱而坚定不移的政治

主张构成了他的卓越风骨，正气而不落窠臼的文风在众多华丽柔靡之作中脱颖而出，精美而隽永秀逸的书画作品展是他精神之美的凝聚体现。

世事无常，如雪飘落；人生难测，恍若飞鸿。雪花纷纷扬扬，鸿雁踏雪暂时停留，但即将奔赴的是远大前程。苏东坡年少时就有对人生来去无常的惆怅，对前尘往事的深情眷恋。他更是懂得若能顺应自然，旷达地对待人生的疾苦哀愁，那么怀旧就会少些悲情，处世便会多些轻松。王国维在《人间词话》中提到了人生的第三境界是："众里寻他千百度。蓦然回首，那人却在灯火阑珊处。"此境界恰如苏东坡在蓦然回首曾经的"萧瑟处"时，看到的是"也无风雨也无晴"。

也正是"一蓑烟雨任平生"的淡然让苏东坡在颠沛流离、风雨飘摇的贬谪岁月里依旧谈笑风生，乐观旷达。

拗相公变法引社会变革，御史台诗案获贬谪岁月

"天静伤鸿犹戢翼，月明惊鹊未安枝。""问汝平生功业，黄州惠州儋州。"

林语堂在《苏东坡传》中用大量的笔墨写了王安石，包括他的性格脾气、为人处事、变法内容，以及苏东坡与他的"斗争"。这场政治反抗斗争，苏东坡失败了，连续三次废止青苗法的上书激怒了王安石，苏东坡遭到了罢黜，有幸于皇帝对此次贬官予以了改动，苏东坡来到了他的"第二故乡"——杭州。江南水乡的温婉与多情，名妓高僧的助兴与陪同，苏东坡在杭州度过了他一生中最快活的时光。

苏东坡到任，例行公事向皇帝呈奉谢恩表，然而他的文字却

引起了"有心人"的注意,神宗元丰二年六月,一个御史将谢恩表中的一些词句挑出,弹劾苏东坡蔑视朝廷,不忠于君。随后李定等人找出好几首苏东坡的诗,纷纷上呈弹劾表章。这次先由监御史告发,御史台办理,随后又在御史台狱受审的案件就是中国历史上著名的"乌台诗案"。最终,迎接苏东坡的是浪迹天涯、屡遭迫害的流放岁月。然而,苏东坡却把他一生的功绩归到他政治上最为惨烈的三个地方,但也就是在这三个地方,他在苦涩的生活中寻找着甘甜,创作了众多经典的诗词散文,成就文学巅峰的同时练就了伟大的人格。

王安石的结局也是悲惨的,被罢相后痛失爱子,在经历了白发人送黑发人的沉痛打击后,这位老相国的政治与人生虚幻彻底被打破了,大彻大悟后的他辞官归隐,在乡间骑驴。

纵观王安石与苏东坡的一生,两人最大的区别在于:王安石急功近利,急于求成,他在变法期间实施的各项法案让百姓叫苦不迭。而苏东坡则"以百姓为天",林语堂在书中评价他为"极讲民主的""具有现代精神"的古人。

悲天悯人乐为百姓之友,伯埙仲篪演绎风雨对床

"烟雨濛濛鸡犬声,有生何处不安生。""是处青山可埋骨,他年夜雨独伤神。"

杜甫有云:"致君尧舜上,再使风俗淳。"苏东坡所处的北宋中期,宋朝内忧外患、积贫积弱,朝廷内外在职官员大多都是蝇营狗苟、尸位素餐之人,似乎只有苏东坡牵挂着黎民百姓,关心着千里荒旱、难民饿殍。他在杭州兴修水利工程,捐钱建立药坊,买米赈济饥贫,上书朝廷减轻赋税;在广州大办书院,推广教育,

得到了后人"一自坡公谪南海,天下不敢小惠州"的称颂;在海南岛上向蛮荒传播科学,提出了"咨尔黎汉,均是一民"的民族平等主张。

苏东坡与文人、公卿来往,与药师、酒保聊天,同柴夫、农妇谈笑,他的至交是诗僧和道士。陈慥、岑参、佛印、吴复古均是他的莫逆之交。三任妻子:王弗、王闰之、王朝云,一位让他刻骨难忘,一位是他的得力助手,一位是他的红颜知己。但是每经历一次人生的转折,最让苏东坡牵挂的是与他同科及第、同年入仕的弟弟苏子由。

两人性格迥然不同,政治立场却颇相似。他们是情深义重的好兄弟,是吟诗唱词的良友,是荣辱与共的政治伙伴,是相互慰藉的精神知己。如此兄弟情深是古今罕见的,现代社会有太多因利欲之争而湮灭的亲情,我想是因为他们不懂得中华美德"悌"的真谛——那就是苏东坡在给子由的绝命诗中所写到的"与君世世为兄弟,更结来生未了因"。

"人的生活也就是心灵的生活,这种力量形成人的事业人品,与生而俱来,由生活中之遭遇而显示其形态。"从童年读到老年,从眉山读到常州,读完了《苏东坡传》,读完了苏东坡的一生,却读不完一代文豪的心灵生活,品不尽北宋忠臣的坚定勇毅。

这回,我在林语堂的文字里读东坡,接着,我将一路吟唱一路前行,期待着,下次,或是在"和光同尘,与时舒卷"的道家思想里,或是在"仁义礼智信"的儒家哲学中,抑或是在某个月下漫步的夜晚,与苏东坡来一次跨越千年的心意相通。

王文双

【作者小传】

王文双,很喜欢清代诗人宋湘的《忆少年》一诗,仿若我一生写照:

老屋柴门树打头,青山屋后水自流。

受书十日九逃学,恨不先生命牧牛。

漂泊在绿镇夏日里的"狄更斯"先生说:"所有人都得给自己找点儿活下去的理由和勇气。有人笑,有人哭,有人试图改造世界,有人避世藏身,总结起来一句话:给自己找一条活路。这世界上的无数人在洪流中挣扎,将要溺死,可每个人都以自己的方式游向彼岸。"偶尔写写字,这是我的方式,仅此而已。

一部叫作《史记》的书

公元前 104 年,大汉帝国的太初元年,距离今日遥远的两千一百二十三年前,一个名唤司马迁的人提起了笔,开始写一部书。

狂徒

那是汉武之世,楚汉之争的风云尚未自历史的天际线散尽,战国的金戈声未远,秦皇帝的长城仍然崭新。而自孔子绝笔于获麟以来四百有余岁,诸侯相兼,史记放绝。春秋五霸,战国七雄,横扫六合的秦皇帝,天真骄傲的楚霸王,在芒砀月色中挥剑斩蛇的无赖儿郎……都一一逝去,消散为生灭无时的沧海浮沤。年复一年的西风残照里,连那些笨重巨大的汉家陵阙都缄口不言,几乎忘却了自家的名姓。

那个青年立在历史的漩涡边缘,听见滔滔光阴拍岸而去,涛声激烈,不舍昼夜。他看到那样一代代人和事,就这样流入大壑不返,于是惊动,于是有大志,于是有几

《史记》,〔汉〕司马迁著,中华书局

近狂妄的梦想：要以一己之身为尺，测量历史，裁度时间，为那么长那么长那么长的岁月——立传——究天人之际，通古今之变，成一家之言！

这是怎样的一种野心？人类的个体生命何其短暂而微小，在浩瀚的历史天空之中飘摇辗转，随风沉浮，不过是万古云霄一羽毛。而有根小小的羽毛却决意，要捕捉天空中回荡过的所有的风声，将转瞬即逝的风声凝固为永恒的文字，从鸿蒙之初写起，推三代，录秦汉，上记轩辕，下至于兹。

这个狂徒，孤独地站立在文字的旷野上，以眇眇之身，对抗无边的时间旋风，僭越狂傲到不可思议的地步。更不可思议的是，他成功了。

壮绝

司马迁用以书写的是最壮丽的汉语，每个字都厚重而明亮，带着汉初的朴茂刚健之气。开卷放目望去，天地开阔，风云激荡，无数的英雄从字行之间挥剑驰马而过，发出各自的呼喊，奔赴各自的命运。

如读《始皇本纪》，看他鞭山入水，看他逐日巡海，看他连弩射巨鱼，看他苦求不死药，同时又穿治郦山为陵墓，以水银为百川江河大海，机相灌输，上具天文，下具地理。傲视天地，奴隶万物，自然之至伟，竟欲一一收纳到自己的小小肉身中，真是人类帝王"狂"的致了。然而并不让人觉得贪婪可笑，只是惊异又悲悯，悲哀于这个不可填满的饥渴灵魂，这种永无止境的求索命运。

再如，比起严谨沉稳的史家实录，《伍子胥列传》更像是一出华美壮绝的戏剧，一篇张扬纵横的诗行。这位叛逆者的一生，被数百年后的另一位叛逆者重新书写，笔挟风雷，光夺星辰，字里行间弥漫巨大的张力，回荡着人类在森严命运面前拔剑而起时的呐喊。千载之下，大江之侧，每逢八月，仍然有无数的后世之人，来到月光皑皑的空阔海门，鼓琴焚香，酾酒临江，等待那愤怒的灵魂驾驭着如山雪浪出现，波涌云乱，雷奔电激，素车白马夜潮来。

又如，在《刺客列传》中，"其后某年而某国有某人之事"的这个句式一再重复："其后百六十有七年而吴有专诸之事""其后七十余年而晋有豫让之事""其后四十余年而轵有聂政之事""其后二百二十余年秦有荆轲之事"……像是故事与故事的间歇里，说书人一声悠长的吐息，将不同国度不同时代的传奇连缀起来，形成首尾相衔的闭环。日月跳丸，乾坤回旋，人类的戏剧循环不已，一代代的刺客在天地之间拔剑而起，挥出同样凛冽的寒光，泼洒同样磅礴的鲜血。

整部《太史公书》，就是一座用这样的文字砌成的万神殿。十表、八书、十二本纪、三十世家、七十列传，凡百三十篇，无数晦暗的瞬间被历史的追光照亮：有人哭，有人歌，有人遁世，有人入局，有人迎风刎颈，有人煮海为盐，有人仰天大笑，冠缨索绝，有人披发仗剑，行吟泽畔；有人伏轼掉三寸之舌，下齐七十余城；有人百战身名裂，向河梁，回头万里，故人长绝。

质问

大半部《史记》，多是书写天才、英雄和殉道者，而其中最精彩有神的篇章，又多在书写这些天才、英雄和殉道者遭遇的痛苦与困厄，书写他们最终的落败：李斯历五刑，商鞅受车裂，项羽兵败垓下，荆轲身死秦庭，武安君杜邮饮剑，淮阴侯云梦悲啸，伯夷叔齐的采薇歌在首阳山上孤独地消散……

在列传开篇的《伯夷列传》中，司马迁一直阳刚坚硬的笔触，终于流露出了不堪承受的疲惫与彷徨。文章末尾，他问出了人类历史的一个千古之问："或曰：'天道无亲，常与善人。'天之报施善人，其何如哉？……余甚惑焉，倘所谓天道，是邪非邪？"

儿时读安徒生的童话，对那些光明纯净的结局充满天真的信赖，长大后再读他的《光荣的荆棘路》，发现通篇都在讲"那些造福人类的善人和天才的殉道者在怎样走着荆棘路"。这条光荣的荆棘路，永远无法像童话那样，在这个人世间走到一个辉煌和快乐的终点，只能寄望于永恒的未来。

在饥寒与绝望中，茨维塔耶娃亦写："我的时代是我的灾祸，是对我的剥夺，我的时代是我的死敌。"《约伯记》里，义人约伯同样无罪而受难，在痛楚中颇有一番辩论。但上帝在旋风中现身后，他也未能如勇士束腰，与神最后争辩出一个结果来。

太史公在那么久远的时代发出的质问，千载之后，直到今日，仍是整个人类都难以回答的悲哀与困惑。

不朽

然而，历史是一门多么清贵的学问——所谓清贵，即是"没啥用场"的委婉说法。孟子曰："孔子成《春秋》，而乱臣贼子惧。"但实际上，回头一瞧，便知人家到底还是不惧，该乱的接着乱，该贼的接着贼。知识分子擎起的精神火把，可以映照后世的青简，不能驱散面前的狼群。莫论古时，且看今日，无论是何等开明乐观的爹妈，闻说自家不肖子欲效司马，矢志治史，报考某某大学历史系，亦是禁不住要鼻腔一酸眼角一热，相对垂泪抱头痛哭，遥想此儿日后沿门托钵缘街乞食的光明未来。

自己献身的事业，在世俗眼中，到底处于怎样一种滑稽尴尬的地位，司马迁不知道吗？

他知道，而且以一种冷静到冷酷的态度将之道出："文史星历，近乎卜祝之间，固主上所戏弄，倡优所畜，流俗之所轻也。"他同样知道，自己的作品在自己的时代无法祈望真正的读者，势必备受冷落，甚至难见天日。事实亦果然如此。两汉时期，上位者谓其"是非颇谬于圣人"，斥为"谤书"，整个知识阶层亦"扬班抑马"，美《汉书》而贱《史记》。《史记》的价值被发现，要一直等到遥远的隋唐之世。是故，在书成之日，司马迁便决意要将这部倾注毕生心血的作品"藏之名山，副在京师，俟后世圣人君子"，求知己于异代，安静地等待后世无数时空的访客。

然而，当他在最后一篇《太史公自序》的末尾，写下那句简短平静的结语："凡百三十篇，五十二万六千五百字，为太史公书。"他已知道，自己必然将和这五十二万六千五百字一同不朽，如月之恒，如日之升，与天壤而同久，共三光而永光。

青史几番春梦，黄泉多少奇才。黄尘变，红日滚，棋枰客散，黑白胜负难分，不过剩几段渔樵闲话，数篇市井鼓词而已。后世的行人们听过就听过，两碗酒，三盏茶，饮尽便都散去，又各自登各自的前程，各自赴各自的生涯。

一个人一生的火燃尽了，灰烬转瞬便被时间之风吹散，消失在不为光明照亮的亘古黑暗之中。

而司马迁以一身一笔一书，与时光争持，自飓风飞灰中，劫取了无数尚未燃尽的火种,让今日的我们,可以听到千载之前的歌笑与恸哭,可以看见人类是怎样在大地上,向着星空,举起了自己的灯火。

公元前 90 年,大汉帝国征和三年,距离今日遥远的两千一百一十九年前,一个名唤司马迁的人放下了笔,说:"吾书已成。"

自此逢何世,从今复几春。海无三尺水,山成数寸尘。

华夏的茫茫大地上,连绵的麦田扬起飘散的穗花,无数的世代与故事,浩浩荡荡,无边无际,生长进历史的天空里,熟透在金黄的时间深处,等待归人,守望来者,尚未被收割。

王楚可

【作者小传】

　　王楚可,现就读于西南交通大学2017级德语专业。来自江淮之地的庐州。爱思考,擅钢琴。一直对西方文学抱有极大的兴趣。最爱日本文学的哀婉,法国文学的壮阔,德国文学的冷静。喜欢书中的纯粹,也有时爱对国际政局、社会时事评论几番,但却常常为世间的诸多事物烦恼。自我感觉是个具有多重人格的人。十分期待与各位喜爱读书之人坐而论道,畅叙古今!

于浊世中做一逍遥人
——读《我是猫》有感

"今晚的月色真美。"

这是我初识夏目漱石先生的第一句话。我原本以为,他也如川端、三岛一般宁静哀伤,纵有怨愤,也是借景衬情,娓娓道来。但是当我拜读《我是猫》后,才觉夏目先生的尖锐和勇敢,更让我钦佩。他以忧思、挣扎为墨,辛辣与诙谐为笔,以一只"猫"为线索,串起了明治维新时期一户教师家平淡而波涛暗涌的生活,令人读来时而啼笑皆非,时而掩卷沉思。

"咱家是猫。名字嘛……还没有。"卷首之语在翻译家于雷先生的笔下,将一只猫的顽劣和机灵演

《我是猫》,(日本)夏目漱石著,刘振瀛译,上海译文出版社

绎得活灵活现。"咱家"是一只被故事主人翁收留的小猫。虽然身是猫形,但却有一双透彻的眼睛,强大的自尊和正直的内心。在主人破败的房子里,一切活动都以它的感觉来描述,仿佛开了"上

帝视角"。也许正是因为这样,作者的意志才能准确地传递给读者。它陪伴着主人会客、沉思,也会出门为主人解仇,颇像个看破红尘却又侠肝义胆的英雄。例如它听见主人的老对头金田意图联合铃木捉弄主人时,不免担心主人;又多次潜入金田家探究问题的答案。但对于人类的一些物品和活动,它还是没法完全理解与接受。比如偷吃年糕时被黏住时不禁"跳起舞来",抑或是面对主人听了迷亭的戏谑之言,照着猫君临摹,却"画'猫'不成反类犬"的行为,都十分不解。这也使原本略显苦涩的故事中平添了几分喜剧的色彩。

"咱家"所效忠的主人,也就是我们故事的主人翁,苦沙弥。"沙弥"在佛教中本是止恶行慈,寻求圆寂的意思。而咱们的这位主人翁,过的日子却实在不易。首先,苦沙弥先生是个胃病患者,饱受饭后消化困难之时,却不按时吃药,偏信偏方"禁用咸菜、固体食物""天天吃荞麦面"等,导致白白受罪。其次,作为中学英语教员,几十年如一日教授的却是英文入门的内容,又因为严格迂腐,不为学生所喜爱。平日最爱与几位老友在寒舍畅叙一番,又因为不喜寒月先生的未婚妻家族——金田家的做派,被金田先生利用落云馆的学生奚落。在猫儿看来,苦沙弥的一切不幸和痛苦,皆源于主人的顽固不化,在日新月异的世界里把自己用壳儿裹起来。可苦沙弥却安贫乐道,时而像个孩子一样天真。"一从学校回来便一头钻进书房,表面上装作刻苦读书的样子,其实只是趴在桌子上贪睡而已。"或是在寒月先生讲述买小提琴一事时突然问起:"柿饼好吃吗?"在铃木企图挖苦他贫困时道:"还是老样子,紧巴巴的。不过,没有饿肚子,死不了,不要大惊小怪。"这样子别有一番无奈的洒脱,更是让人既可叹又可怜。

还好还好，苦沙弥还有一群"志同道合"的朋友。曾经的我一读到他们谈话的段落就头痛，可读到深处才发觉，这些看似戏谑的话语，是这帮文人书生对这个世界顽强的抗争。美学家迷亭，虽然常常作弄苦沙弥先生，玩世不恭，却依然怀揣一颗不畏权贵、乐观豁达的心。甚至在一次在资本家家里喝茶时，叫来同伴亲朋，闹得别人好不难堪。羞涩而正直的青年水岛寒月，是个研究"吊颈力学"的博士，整日苦读，在面对金田小姐的婚约时总是十分被动。哲学家八木独仙，曾手书"大和魂"以求唤醒麻木的芸芸众生，也曾安慰被落云馆吵扰的沮丧的苦沙弥，其哲思令人叹服。这些带着穷酸气息的文人，常常针砭时弊，又荒诞可笑，迂腐之极，有时倒有一些"竹林七子"的豪放之气哩。也许只有和这些朋友在一起，苦沙弥才能于苦涩中暂得于己，享受些自得之乐吧。

我想，作者借苦沙弥先生来自喻，最想呐喊的就是："我和这个世界不熟。"那么这是个什么样的世界呢？日本在文明开化之时，竭力学习西方，大兴实业。导致社会物欲横流，利己之风盛行。文中的金田先生靠其"三绝战术"——绝义、绝情、绝廉耻，盆满钵满，便有了看不起清贫的读书人的傲慢。整个人世不过是，"只要抓住两头，对同一事物就可以翻手为云，覆手为雨，这是人类通权达变的拿手好戏"。

而以苦沙弥为首的旧读书人，固守着操守，即使负债累累，衣衫遍布补丁，也不肯放弃学术之路。小农主义和资本主义的对抗，胜负显而易见。最突出的表现即是，整天只知"磨玻璃珠子"的贫苦博士寒月，最终和金田家的小姐遗憾错过；而苦沙弥的学生铃木藤十郎，也弃文从商，唯金田先生马首是瞻。在故事的结局里，可怜的猫儿在偷喝了外国的啤酒后，跌入水缸淹死。这仿佛也暗示着苦沙弥先生的命运："主人早晚要因胃病而身亡。金田老板已经因贪得无厌而丧命了。"

《我是猫》可悲之处在于，作者和苦沙弥一样，看不惯这世道中种种险恶与虚伪，却深知自己平庸软弱，无能为力，只能满腹牢骚，怨怨自艾，对一切不顺心的事物只能痛斥一番后郁闷。这在我们今天看来是消极的。所谓读书过程中"哀其不幸，怒其不争"，是我对苦沙弥最深的情感。铃木藤十郎告诉他：要屈从于钱多、势众；甘木医生奉劝他：要用催眠术镇静神经；哲学家独仙安慰他：以消极的修养求得心安。最终苦沙弥选择了消极避世，而不是改头换面，重新接受。后来我渐渐明白了，在那个并没有全盘西化，仍在封建和资本中挣扎的、痛苦的日本，能于浊世中保留自我而不随波逐流，已经是文人们能做到的最大努力。全文给苦沙弥定的形象便是世人眼中的"疯子"，猫君眼中的"神经病患者"。他已经被整个社会幽禁在疯人院中，变得与这个社会格格不入。他虽然固执、虚伪、不谙世事，但却在这个利己主义盛行、物欲横流的社会艰难地存活了下来，做到了"出淤泥而不染"。与生活在疯人院外的太平逸民们相比，苦沙弥的"疯癫"愈发显得弥足珍贵。

"真的，人是一个浊流。应该是海了，能容这浊流使他干净。"尼采曾这样写道。渐渐成长的我们，相信也曾遇到过我们不愿苟同的事情。我钦佩苦沙弥肯安于贫苦，与世俗隔绝的决然，却更赞许书中迷亭先生的超脱和乐观。"愿中国青年都摆脱冷气，只是向上走，不必听自暴自弃者流的话。能做事的做事，能发声的发声。有一分热，发一分光，就令萤火一般，也可以在黑暗里发一点光，不必等候炬火"，我相信当代青年一定具有将世界改变的能力。但如果凭一己之力无法改变这个世界，在努力适应它的同时，希望我们可以永远怀揣一颗赤诚而纯净的心灵，不被世俗所诱惑，不因疲惫而衰老，真真正正，做一个身心俱轻的逍遥人。

虽然都活在这烟火人间，你有你的高楼万丈，我只有一个乌托邦。

我希望有天，可以在某个宁静的晚上，遇见可爱的苦沙弥先生。老人温柔地抱着猫儿，对我释然一笑，脸上的皱纹仿佛飞翔的翅膀。我们会互道一句：

"今晚的月色真美！"

卢学民

【作者小传】

卢学民,男,23岁,来自江西宜春,2018级西南交通大学电气工程学院博士生,主研计算机视觉中的目标跟踪方向。科研之余热爱阅读古诗词、名篇名著,还喜爱歌唱、摄影、诵读、绘画、logo设计、游泳等文体活动,热爱生活,热爱学习。在我看来,科研与爱好并不冲突,它们是相通互融的,永远相信美好的事情即将发生,愿望是国家繁荣兴盛,父母安康,师生和谐,友朋欢乐,其乐融融。

再读《围城》

过年除下与家人唠嗑之外便是读《围城》了。少时不读《围城》，读懂已在城内，它是钱钟书先生一生中唯一的一部长篇小说，堪称中国近现代小说中的经典之作，大学时代读过一次，稍感乏味，可能年轻气盛之时也被乱花迷眼吧，也或许是少年不知愁滋味。是的，每个年龄段有属于自己的事情要干，正如每代人有每代人的艰辛，当然不能以未来的标准去评判儿时的自己，趁放假之际，再品《围城》，竟弥新香。

《围城》，钱钟书著，人民文学出版社

也许理想是"傲慢与偏见"，但现实是"围城"。从结局看来，《围城》并没有渲染有情人终成眷属之后生活赛过神仙的鸳鸯戏水之美，也没有给读者留下"夕阳无限好，只是近黄昏"的美好的无限憧憬，而它的韵味正在于把爱情、友情、亲情、婚姻种种世故揉碎在一起，浑然天成，一切都是现实的投影。人生正是如此，难一步、佳一步，一部《围城》写尽了"小园香径独徘徊"，也道尽了"也无风雨也无晴"。

正如杨绛先生所言最负盛名的一句"围在城中的人想逃出来，站在城外的人想冲进去"，无论是婚姻还是事业，我们既然生活在感知三维宇宙洪荒之中,那便是一座"围城",吾生须臾,而宇宙无穷,沧海一粟的人儿始终逃不出"围城"的枷锁和束缚。方鸿渐既善良又迂执,既正直又软弱,既不谙世事又玩世不恭,其与苏文纨、唐晓芙、孙柔嘉的感情纠葛,每每因自己的怯懦,不敢多言,言亦不由衷,优柔寡断,心中的迷雾使他认不清自己所喜、所爱,从国外留学归来的他曾多么憧憬国内生活,但对于苏文纨不果断,对于唐晓芙不诚恳,脚踏两只船的他最终一步步陷入工于心计的孙柔嘉的婚姻陷阱之中,最后自食婚姻苦果。从国外留学归来的他曾多么憧憬国内工作,然而与读书期间不同的是这座爱情"围城"令他又无奈于城中的心悸,而三闾大学着实是一座事业"围城",这里面充斥着尔虞我诈、明争暗斗,时刻让人感到压抑,校长高松年也不得不在城中斡旋,而本性善良却怯懦的方鸿渐不堪忍受,但当他离开,面对的却是一个集父母的封建思想、家庭的责任、事业的衰败,多层混杂的社会大"围城"之中,让他更加觉得无所适从,似乎所有的一切都被一只无形的大手掌控着,就像沙滩被海浪无情地拍打着,却又无力挣脱。方鸿渐也只会牢牢地屈服于这只手,逆来顺受地承受朋友的施舍,义无反顾地踏入爱情陷阱、事业低谷。方鸿渐的思想性格,正反映了当时一部分知识分子的精神面貌,他的遭遇,也正是当时一部分较正直的知识分子的遭遇和困厄。

金炜东教授曾向我们描述:"钱钟书是个聪明人。"可能文人都有一枚傲骨似寒梅,智者如先贤,在妙趣横生、妙喻迭出的幽默外表下,深藏着令过来人低回轻叹、令少不更事者悟乾坤。钱老用诙谐的语言、深刻的哲理、巧妙的比喻,站在一定高度俯瞰人生,批判了人性的丑恶、虚荣。在《围城》里,你能领会到钱老的幽默风趣,如方鸿渐在三闾大学里描述从副传授升到正传授的时刻比喻道:"讲师、副传授和传授的干系正如丫头、姨太太和正房太太的干系同样,从老爷身旁的丫头添房成姨太太挺轻易,然则姨太太要想成为正房太太堪称难上加难;同理,从讲师升到副传授易如反掌,可要想从副传授晋升为正传授,就不那末轻易了。"再好比,说到方鸿渐离家一年回到家中,"远别虽非等于暂死,至少变得陌生。回家只像半生的东西回锅,要煮一回才会熟",离家万里,每次的归程,未尝不是煮一次回锅饭呢?这何尝不是对乡音无改鬓毛衰,而又笑问客从何处来的生动描绘呢,极具象化的语言风格为深邃的思想描眉着实显得妙不可言,耐人寻味。

确实,我们的生活中"围城"随处可见。不仅仅是恋爱婚姻、工作事业,还有学习生活、人情世故,钱老对生活观察的无微不至,才成就了这部"世事洞明皆学问,人情练达即文章"的著作,《围城》启示人们面对从根本上说是虚无的人生和荒诞的存在处境,孤独的个人没有逃避的余地,唯有鼓起自己的勇气,挺身反抗这种虚无和荒诞,才能确立自己的存在,把自己从无意义的深渊中拯救出来。他没有直接揭露社会的黑暗和现实生活的残酷,而是通过对知识分子的描写来揭露人类现代文明的社会中对人类存在价值的否定和所潜在的危机。除了方鸿渐,纵使是追求了苏文纨二十年的赵新楣也迈不出他的那一座"围城",之后仍逃不出娶妻生子的命运,书中并没有添上同梁思成与林徽因一样"用一生来回答为什么是我"的句号,方家上下也逃不出封建传统思想这座围城,两任老丈人也逃不出面子的"围城",方鸿渐也很讨厌孙柔嘉的姑妈,每次和她见面,自卑的心就增加一次。方鸿渐对孙柔嘉姑妈的评价如是:"你那位姑母在厂里有男女职工趋奉她,在家里旁人不用说，就是侄女儿对她多少千依百顺，她应当满意了，还要养条走狗对她摇头摆尾！可见一个人受马屁的容量，是没有底的。"这里，在钱老的笔下讽刺至极，婚姻里的兵荒马乱，已不是一座"围城"那么简单。有人常常评价方鸿渐为"不讨厌但无用之人"，但我却认为其是"不讨厌但无傲骨之人"，尚未历经一番风雪寒彻。

  读完全文后，怅惘、茫然涌上心头，犹如最后方鸿渐走在万人空巷的街头，一如乞人不需要形象，意犹未尽，戛然而止。是啊，可能每个人都需要爱情，但不是所有人都适合婚姻。对于《围城》中最后一句话："这个时间落伍的计时机无意中包含对人生的讽刺和感伤，深于一切语言、一切啼笑。"这种时间上的巧合不正是反映了世事的苍凉与变迁吗？假想方鸿渐在国外求学之际胸怀理想与抱负，脚踏实地、真才实学，那故事又会如何发展？

  事实上，"围城"无处不在，所有人都被自己的一座"围城"包围着；"围城"太大了，大到蒋公的面子和驴得水只是其中一角缩影。倘若时常能站在城外来思考城内的自己，也不至丧失平衡。幸运且聪明的是，钱钟书先生把20世纪30年代的这座城具体形象化了，让身处21世纪的我们站在笔头看到了笔尖的喜怒哀乐、思想矛盾。拿自己作为学生这一角色来举例，学校、家庭、社会，每一处环境都是一座"围城"，每一种行为都处于一个"围城"。从诞生起我们周遭就矗立着诸多形形色色的"围城"，身边的光明与黑暗从来就一直都在，取决于自己的心灵感受。当一切人和事因为努力和乐观而变得美好，当城中的色彩都涂抹得匀称而又和谐时，那么这座"围城"就不再是一种可怕的束缚和压力，而是一个幸福的乐园。没有人会试图离开，即使是自怨自艾的方鸿渐也会向往之，假恶丑也会被感化为真善美。当下，只不过当时的明月换拨人看，当时的长江水换拨人尝，如是而已，我们深处新时代的大浪潮之下，只有脚踏实地，且不忘仰望星空，才能仰无愧于天，俯无愧于地，行无愧于人，止无愧于心，甭管环境的纷繁复杂，守住心里的那片最真挚纯粹的寸土，相信智慧和真善美总能令我们拥抱围城，坚韧地屹立于城中，无问西东。

谭 笑

【作者小传】

谭笑,电气工作学院专职辅导员。

望天上云卷云舒,看庭前花开花落。古今多少事,都付笑谈中。

谭笑：铭记苦难中的知青精神

——读《习近平的七年知青岁月》

"知识青年到农村去，接受贫下中农的再教育。"1968年，全国各地每隔一段时间就会宣传毛主席的指示，大家熬着夜上街游行，敲锣打鼓。无数青年从城市走到农村、走到边疆，了解社会，接触工农，在艰苦的环境中接受了锻炼，增长了才干，为建设农村和开发、振兴祖国不发达地区做出了贡献，一些人成长为各条战线上的领导骨干和业务骨干。但是，大批知识青年也失去了在学校接受正规教育的机会。当历史大浪潮打过来时，人很难把控和预知自己的命运，由不得自己，便已经被裹进浪潮。转眼五十年过去了，依然可以从新闻报道、电视剧、电影、小说等文创作品，经历者的深情回忆中，感受到知青时代对于一代人的重要性。它不仅彰显了一个人的青春年华，更塑造了在艰难困苦时期一个人思想观念的成长，面对苦难时自我对未来生活的指引。

"知青"到底是什么样的呢？历史带给上辈人和当代人的意义有什么不同，从中我们可以看见什么、想到什么、学到什么。可能对每个时代都难于单纯的定义，正如习近平总书记在北京大学讲话时曾提道："每一代青年都有自己的际遇和机缘，都要在自己所处的时代条件下谋划人生、创造历史。"抛开各界众说纷纭的知青说,以一杯水、一支笔,带着对历史知青生活的求知,对国家领导人的敬畏,对习总书记在青年时代种下赤子之心的感动,阅读了这本《七年知青岁月》。全书以纪实、追忆为蓝本,分"知青说、村民说、各界说"三部分,采访了8名与习总书记同从北京出发到陕北插队的"青年"、8名曾见证习总书记知青成长的梁家河村民、7名曾在延川县工作、插队的同事同伴,鲜活的文字与纪实照片,汇集成19篇以"始终不渝的信念、读书思考、心为民善为民、人生第一粒扣子、奋斗"等不同主题的文章。

很庆幸自己成长在改革开放年代、自我奋斗年代、挑战与机遇并存的年代。少年不识愁滋味,90后是独生子女时代,大多在父母的庇护下成长,"风调雨顺、春暖花开"鲜有"磕磕绊绊、世事变故",因此对于生活的敬畏之心、居安思危的意识总有些迟钝。过去人们对于吃饭能认识一粒米一粒饭的来之不易,过年时才能吃到肉、尝到瓜果美味,倍感珍惜,如今我们可以通过互联网接触更多菜系,根据网络点评选择自己想吃的想喝的,选择心仪的用餐环境,更有专人上门服务,还可以随心所欲地对商家点评,可很难发现"吃后感"里对粮食的珍惜与感恩,多了一种吸引客户的宣传;过去白天充分利用收工、放羊、吃饭的点滴空闲读书,夜晚点起煤油灯挑灯夜读,买不到书就借书看,如今有舒适安静的图书馆、琳琅满目的书架,可一提读书却总觉得没时间或是低头"阅读"手机;过去外界环境艰苦、诱惑少,年轻干部容易沉下心,少说多做,老老实实心为民善为民。如今聪明者多吃苦者少,时代的发达反而让人容易犯错、迷惑,以时间、成本、收益为考虑要素，担心赶不上"业绩"，走捷径怕吃亏。

　　时代在变，环境在变，不变的是榜样的力量。阅读此书，让我感知一批"高知识青年"面对世事蜕变，在艰苦岁月中荣辱不惊、吃苦求生、创造未来。书中曾说，"际遇"就是一个人的遭遇和时运，"机缘"是因缘里包含的机会和缘分；当"机缘"来临时，能够抓住它、能够应对它，就会形成"际遇"。"机缘""际遇"经常连起来用，就是讲人的命运。作为一个旁观者，回望过去时，历史已经定格，呈现出一种确定性；但是，在真实的历史正在进行时，充满了未知和不确定性，习总书记在梁家河一待就是七年；但更不容易的是，总书记在梁家河，并不知道自己要待多久，很多时候看不见未来，也设计不了自己的未来。反观当下，大数据时代，竞争更加激烈，你追我赶、你强我弱，每个人每件事每个物品都有可能被替代，仿佛历史把我们推到了第二个"特殊时期"。知青岁月已不复返，但苦难中的知青精神却在延续，作为一名普通人民教师，一名在高校基层工作的辅导员，面对时代的变革、生活的压力与挑战，我想铭记总书记的三样精神作为奋斗力量。

　　第一，戒浮躁，寻找理想信念的初心。"15岁来到黄土地时，我迷惘、彷徨；22岁离开黄土地时，我已经有着坚定的人生目标，充满自信。作为一个人民公仆，陕北高原是我的根，因为这里培养出了我不变的信念：要为人民做实事！"年仅十五岁的习近平离开京城，来到黄土高原的山沟，投入到一个陌生的环境，最初感到十分孤独。城里长大的青年即使在农村参加"三夏""双抢"支农劳动，也是由学校选择条件比较好的农村生产队，劳动时间很短。最初对农村的认识，完全从书本上得到。1969年1月，当北京知青乘车前往陕北途中，就被沿途漫无际涯、光秃秃的黄土高坡所震撼,进入眼帘的尽是"穷山僻壤",很难将眼前的情景与革命圣地、与自己的未来联系起来,竟有同车人怀疑司机是不是走错路了。习总书记曾坦言,农村过"四关——跳蚤关、饮食关、劳动关、思想关"实在不易。"苦其心志、劳其筋骨、饿其体肤、空乏其身",从"躺在跳蚤堆里睡觉,一咬一挠,浑身发肿"到"对跳蚤的毒素产生抵抗力";从"精米细面到粗粝杂粮",由最初的难以下咽到吃不到就想;从"扁担把他的肩膀磨得一层一层掉皮、出血"到"肩膀上磨出了厚厚的茧子,不怕扁担磨了";从一开始劳动"连婆姨都不如的每天五六个工分"到两年后"拿到壮劳力的10个工分,成了种地好把式"。不管多累多苦,青年习总书记总是一直拼命干,一步一步地过了跳蚤关、饮食关、劳动关、思想关。每过一关都是一份磨砺,都有一份收获,不断积蓄着人生升华与超越的能量。这种苦难的磨砺,即是物质上、身体上的,更是精神上、心灵上的。青年习近平无论是普通知青还是大队书记,都真诚地与百姓打成一片,同甘共苦,解百姓之所急,心为民善为民。作为新时期的大学生辅导员,要向习总书记学习,把吃苦耐劳、追求理想的精神用于工作中、学生中,"围绕学生、关照学生、服务学生",在繁杂多元化的工作中,以一份"吃苦之心"戒骄戒躁,乐于吃苦、善于工作、不忘静心,在奋斗中创造属于自己的无悔青春。

第二,好读书,坚持读书。读书可以经历一千种人生,不读书的人只能活一次。哲学家尼采说:"读书就是沿着作者的脚印去看沿途的风景。"莫泊桑说:"喜欢读书,就等于把生活中所有寂寞的时光换成巨大享受的时刻。"在《岁月》中几乎每一位受访者都谈到习近平总书记酷爱读书的习惯。"插队时一箱子的书,就属他的箱子最沉""他看书经常是几本书同时看,有所对比,有所分析,不但比较几种说法的异同,也推敲作者为什么这么说。"例如读《共产党宣言》时,习总书记找到著作的不同译本,分析其不尽相同的理解和各有侧重的翻译,在分析对比中真正学深悟透。读《苏联伟大卫国战争的重要战役》时,将图册摊开炕上,对照文章仔细寻找一个个文中涉及的不熟悉地名,熟悉之后又进行"兵棋推演"复盘,力图从纷繁杂乱的战役经过中总结出两军对垒所展现的战略思维和历史发展的必然之处。习主席说:"一物不知,深以为耻,便求知若渴。上山放羊,我揣着书,把羊拴到山坡上,就开始看书。锄地到田头,开始休息一会儿时,我就拿出新华字典记一个字的多种含义,一点一滴积累。我并不觉得农村 7 年时光被荒废了,很多知识的基础是那时候打下来的。"

  反观现在的读书条件,环境变好了,时间却不够了。仔细观察不难发现,一些人把时间空耗在闲聊中,浪费在游戏里,却不愿静下心读一本书,也难于静心。有调查显示,中国国民成年人每年平均阅读量仅 4.58 本,远低于欧美发达国家平均水平。时间就像海绵里的水,只要愿意挤总会有的。面对"你为什么喜欢读书"的回答,有这样一句"读书是这个时代里让我们接近自由的最好方式"。学生时代看成绩,工作后看业绩,之后还有婚恋、职场、家庭等各种问题须臾而至,人生每往前迈一步就多一个标签和责任,人变得越来越不自由。喜爱读书的人都会有这样的感觉,无论面对怎样沉重的现实,肩上扛着怎样的负担,身上有多少身不由己,但你的灵魂却始终是自由的。愿我们每一个人都能与书中人对话,不为功名利禄,只为更接近自由的灵魂。

　　第三，忘功名，始终与人民群众在一起。世人都晓神仙好，惟有功名忘不了！红楼梦的《好了歌》道尽无数人的现实悲哀，多少人在追寻理想的道路上，本前途光明却走错路。在走上社会之初，习主席就与最底层的中国农民同甘共苦共患难，从心底热爱人民，把老百姓搁在心里。对乞食老汉解衣推食、帮助老汉推车、帮群众找猪、为救治受伤村民心急如焚，当村支书时办沼气、办铁业社、代销店、缝纫社、磨坊……这些都是青年习近平对村民的自然流露。梁家河村民说，设身处地为群众着想，这句话说起来简单，做起来并不容易，需要干部有一颗真诚的心，有一定的处理问题的经验和技巧。"待入尘寰，与众悲欢，始信丛中另有天。"梁家河村是一个姓氏比较多的自然村，家族之间、邻里之间、前后生产队之间，甚至兄弟姐妹之间，总有这样那样的矛盾，有时还挺复杂。习近平总书记对农村一位过世的老人、一位老党员的母亲，恭敬地吊唁祭奠鞠躬；把好一点儿的粮食分给老乡吃，自己主动吃糠咽菜；即使村民们读书少，仍然耐心与大家交流读书感悟；对贫下中农、老人、儿童、残疾孩子都是一片爱心，真诚相待。"我们读了很多书，但书里有很多水分，只有和群众结合，才能把水分蒸发掉，得到真正的知识。"为群众做实事是习总书记始终不渝的信念，这不是一句简单的口号，也不是被灌输的教导，而是在陕北七年里，在那些和"面朝黄土背朝天"、挣扎着生存的普通百姓牵手共度中，油然而生、铸入血液的信念。对习总书记来说，这不是自己升迁业绩的筹码，而是没有其他任何兴趣能够替代的人生乐趣。中国自古以来，不管是在盛世还是衰世，不管环境多么荒谬，总是有悬壶济世的良医出现，总是有"邑有流亡愧俸钱"的良吏出现。生在新时代我们是幸运的，不要只是分享社会的进步和发展，应该有责任为这个社会的进步和发展做出你的努力和贡献。你可以有不同的背景，可以有不同的追求，但是不能离开社会进步的要求。

王 轶

【作者小传】

王轶，1980年生，工学硕士，电气工程学院教师。兴趣广泛，尤爱阅读，涉足心理学、社会学、历史学、生物学、政治学等各类杂书。在各类学科边缘轻触，不须深究，但求丰盈。

从颠覆到选择

——读《进化》及相关书籍有感

许多年前,在一个科普节目中听过这样一个提问:"既然宇宙无限大,有无数颗恒星,夜晚天为什么是黑的?"我一瞬间哑然。然而答案其实很简单——因为那些恒星的光没有到达地球。

那是我第一次感受到科学思维带来的震撼,我感知到宇宙的浩瀚包围在我的周身,自己是那样渺小。随着年岁渐长,这种渺小的虚无感有增无减,一点一点架构并更新着我的内心世界。不久前,偶拾一本小册,并由此寻找到几个科普

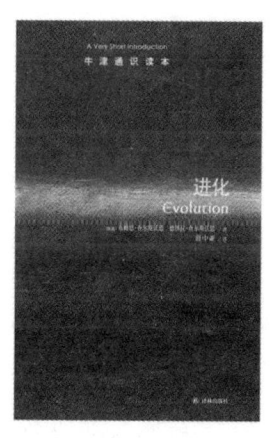

《牛津通识读本:进化》,(英国)布赖恩·查尔斯沃思、德博拉·查尔斯沃思著,舒中亚译,译林出版社

读本,大略读下来,更是颠覆了我对世界、对生命、对自我的认知。那种生存于世间微不足道的"生命之轻"一次次叩击着心灵。

《进化》(Evolution)是"牛津通识读本"系列中的一册。书的篇幅很短小,中文版只有 8.5 万字,拿在手里只是一个薄薄的

小册子，书的作者是英国的查尔斯·沃思夫妇，两个人都是英国皇家学会的会员、爱丁堡大学的教授，是进化、遗传领域的权威专家。作者在字里行间向我们传达着这样的信息：尽管依然存在着一些争议，但是以人类目前的自然知识而言，进化论是一个有着充分依据的科学理论。因为对科学思维的兴趣，我拾起这本小册，未曾想竟然颠覆了自己对进化论的大部分认知，并由此引发了自己对当下生活工作的进一步思考。犹如某个书评人说的——进化论是一部"洗髓真经"，已经彻底改写了生命科学，正在重塑社会科学。

作者从以下几个方面，用简明易懂的语言阐释了进化论的重要概念和研究依据。

第一，理清进化论的概念，阐述"适应性"与进化论，这也是我们最为熟悉的进化论常识。简单说，就是"物竞天择、适者生存"（严复）。200多年前欧洲的神学家们观察到了各种生物的结构，他们提出了"适应性"这个概念。他们当时的本意，是为了解释神学理论，但没想到却为进化论的出现提供了帮助。所谓适应性就是：不同生物的身体构造，可以让它们在环境里更好地生存下去。而一旦提出"适应"的概念，另一个问题自然浮出水面："适应"是如何产生的？达尔文认为：生物会产生改变，而且这些改变可以遗传给后代，但并不是所有的改变都可以保留下来。如果这个改变不利于生物适应环境，那么这个生物就会死掉，保留下来的改变都能让生物更容易活着。这就是"自然选择"，也是进化论的中心内容。

但生物的某些结构，也并非是自然选择能解释的，达尔文也发现了这个问题。于是他提出了"性选择"的概念，像孔雀这种交配竞争非常激烈的物种里，牺牲掉飞行的能力，提高了雄性获得交配权的机率。

简单地说，进化论里所提到的"适应性"，是生物尽可能地把自己的遗传信息传递给下一代的能力。或者说，是生存和繁殖能力的总和。

第二，说明进化产生的两个过程，解释进化发生的机理。进化涉及的两个过程是基因突变和遗传漂变。

遗传信息是通过 DNA 和 RNA 来保存的，生物繁殖后代的时候，DNA 和 RNA 会被完整地复制下来，复制的过程非常精确，这样就保证了生物体的每一个细节都被传给了后代。但是，基因突变和遗传漂变都可以导致生物基因的改变。而这些改变是否会被保留下来，则取决于三点：自然选择、性选择和人工选择。

通过这样的过程产生新物种是一个极为漫长的过程，区分不同物种和种群，难度非常高。事实上，对于定义"物种"这个概念本身也颇具难度。从进化的角度看，如果是有性生殖的物种，当他们无法杂交，有了各自独立的进化轨迹的时候，就可以认为是两个不同的物种了。

"不能杂交"有一个专有名词，叫"生殖隔离"。不同物种之间不能生育后代，即使特殊情况能产生后代，这些后代也没有繁殖能力，骡子就是人们熟悉的例子。通过对生殖隔离这个概念的理解，就可以知道，人类尽管分布在世界各地，外貌和生活习惯有天壤之别，但毫无疑问属于同一个物种。由此也可以知道，全世界的人类一定有共同祖先。针对这一问题，我通过翻阅经典科普《自私的基因》（作者理查·道金斯）有了更深的理解和感悟。

所有人类拥有共同的祖先（事实上，地球上所有生物都拥有共同的祖先），这一认知对人类学和社会学都造成了深远的影响。生物学家卢瑟福在他的著作《我们人类的基因：全人类的历史和未来》中，有着更为颠覆更为深刻的讲述。

第三，阐释了进化论的研究依据。现代生物学的研究已经能够完整精确地编写出各种生物的基因代码。我们可以粗略地把DNA分子想象成一根长长的链条，链条上不同的链子交替出现，形成了包含生命所有信息的密码。越复杂的生物，基因的信息就越多，DNA中的链条就越长。但不管是任何生物，在破解这套密码的时候，都会遵循这样的规矩：特定的链条对应着特定的氨基酸，细胞按照链条上的顺序生产氨基酸，而这些氨基酸则合成生物体内的蛋白质。正是因为生命的延续依靠基因的延续，而基因规则的相似性，说明了所有的生物都有共同的祖先，这样的事实给予了进化论强有力的支持。

除此之外，考古学也给予了进化论支持。通过对于不同年代化石的分析，可以得出一个结构完整的谱系。在这个谱系里，随着年代由远古到现代，可以清楚地看到生物的结构由简单变得越发复杂，尤其是众多中间物种的化石，让人们可以直观地感受到生物进化的过程。

第四，书中通过进化论解释了"眼睛"这样复杂结构的出现，也通过进化论解释了"为什么蚂蚁、蜜蜂这样的社会性动物，会存在没有生育能力的个体"，这样的问题既可以用进化论解释，也可以从侧面成为证明进化论的依据。

《进化》这本书篇幅不长，就从以上几个方面对现代进化论做了简单概述，而其中表达的科学观点对我内心的冲撞和激荡却久久不能平复。

原来我一直对"进化论"有着根深蒂固的误解：通过"物竞天择"的原则，生物朝着不断高级的方向进化，物种是一个低级到高级，从简单到复杂的过程。然而，我们熟悉的这一切都是误解。

首先，"人"并不是进化的目的。英文单词"evolution"原意为"演化"，"evolution"并没有方向，谈不上进与退，人类一直自以为是万物灵长，但真实的世界却并不是为了人类而展开成为这样的。即使我们谈论物种演化的成功，也不过是从人类角度思考得出的结论而已。

其次，自然选择并不是"弱肉强食"。自然选择并不会考虑道德，我们一方面感叹"天地不仁，以万物为刍狗"，因为眼前的自然选择看似不会考虑公平、正义这些人类的内心感受；但是另一方面，自然选择也并不会偏爱暴力、背叛和自私，它其实常常选择的是和平与合作。

再次，进化并没有所谓长远的眼光。进化由基因的突变并经由自然选择而形成，而这种突变只决定于突变的那一刻，并没有长期的目的。"进化"本身是长期的，因为任何适应性都要经过许多代遗传才能发生。但是，进化又是没有计划的，长期对进化来说不过是无数的短期。

最后，就是误解了所谓的"适者生存"。而这正是达尔文主义产生的社会根基。"适者生存"并不是进化论最正确的表达。因为进化没有方向，生物的任一形态也就没有高低贵贱，不管是"弱肉强食"这样残酷的借口，还是"适者生存"这样高傲的姿态，都是人类自己过度美化自己的结果。

回到对基因的探索，自然选择的终极对象不是个体，而是基因，基因是自然选择的最终对象，是基因在延续和变化中不断传承和消亡，世界才成了现在这个样子，人类自身不过是基因延续的载体，对于基因来说，人类完成繁衍过后的生存已经毫无意义。

这样的颠覆，让我再次体验到了"生命之轻"。在宇宙万物的演化中，我犹如尘埃一般的生命有何意义？

罗曼·罗兰曾经说过："世界上只有一种真正的英雄主义，就是认清了生活的真相后还依然热爱它。"那么我是否可以说，我的英雄主义就是：当我认识了生命的本质后，依然热爱生命。

我认识了生命的本源，知道所有物种有着共同的起源，人类同属一个物种，更无种族差异。这教会我更加宽容平和地看待所有人和事，看清人内心些许的欲望和自私并不卑劣，对人类特有的情感和思想更为珍惜。当然，那些利用所谓"种族差异"残害他人的人，显得尤为可耻无知。人类对政治诉求和权力的追逐也许永远不会停止，"种族差异"的概念也就无法消除，但是当我们对科学常识有了了解后，是否就能够给予自己心灵那么一点自由，让我们逐渐了解生活的真相，对争权夺利的现实给出内心的评判。

我认识了生命的意义，即便我仅仅是基因的载体，也是亿万年进化后这个星球上唯一的智慧生灵——当一切失去意义的时候，人就是意义。音乐没有意义，当我聆听一段旋律而感动时就有了意义；美食没有意义，当我和朋友一起分享而欢乐时就有了意义；爱没有意义，当我爱人而人因我而幸福时就有了意义。

选择，就是生命的意义。

当我知道真相之后，我选择。这是我赋予自己心灵的权力，让我在这个时刻跳出基因的束缚，认清权力争斗、尔虞我诈的本质。我选择认真地生活，让自己的脚步充实而稳固，选择认真地工作，让自己的价值温暖而清透；选择关爱，选择体谅，选择善良。

我选择热爱生命，继续去寻找我的意义。

王喆桅

【作者小传】

王喆桅，1984年生，河北乐亭人，中共党员，2011年至今任电气工程学院专职辅导员。负责研究生日常思政工作与就业服务管理、本科生形势与政策课程教学、学生安全与园区管理等相关工作。风格独特，言辞幽默。

《生命是什么》读后感

说起奥地利物理学家埃尔温·薛定谔（Erwin Schrödinger），恐怕绝大部分人第一时间能够想到的就是那只著名的"猫"。1935年，薛定谔根据微观领域的量子行为，提出了一个与之相应、投射到宏观世界的思想实验——即把一只猫关进一个密闭的箱子里，箱内有一个放射源，如果放射源内的物质发生衰变放出射线，则触发某机关，释放毒气将猫杀死。然而这个衰变其实是一种随机事件，即便我们清楚放射源的半衰期，也无法确定放射源在某个时间段内会否发生衰变并致猫于死地——除非你打开箱子一探究竟。当然，开箱以后你看到的情况是猫要么死了，要么还活着。如果套用量子力学理论中的描述：量子存在不确定性——在我们没有进行观测的时候，量子处于各种状态的叠加混沌态；而在此实验中如果我们不开箱，就无法确定箱内那只倒霉猫的死活，猫也就处于一种"生

《生命是什么》，（奥地利）埃尔温·薛定谔著，张卜天译，商务印书馆

死叠加"的状态，这显然与实际情况不符。薛定谔试图通过这个悖论来说明量子力学在宏观条件下的不完备性。

当然，到了现在已经没有多少人会再去深究这个佯谬在提出的时候对于物理学发展的深刻影响，大家对这只猫津津乐道，讹传出了很多哏和段子，以至于慢慢发展成一个文化符号——不过这已经不是我想要谈的问题了，我们来说说薛定谔写的另一本小册子《生命是什么》。

薛定谔是一个传奇人物，跟这些年在网上被炒得很凶的特斯拉相比也不差——大部分人对特斯拉充满好奇主要基于某辆电动车和一些都市传说，但又有几个人知道特斯拉的名字其实也是磁通量密度和磁感应强度这两个物理量的单位名称？抛开薛定谔那一生的各种轶事不谈，众所周知，他是一名伟大的物理学家，提出了波动力学和著名的薛定谔方程，是量子力学奠基人之一。然而，他还是分子生物学的创始人。听上去这似乎有点像是天方夜谭，却并没有什么毛病：传统的生物学或生命科学是一种宏观性的观测科学，对其进行稍微深入一些的探索就会发现各种生命的存在都离不开"可控的"化学反应。而我们早已知道，区分化学和物理学现象的标志就在于是否会发生分子和原子层级的变化：化学研究的是对分子进行拆解和将原子进行重组，高于这个层面如分子间作用的变化和低于这个层面如强相互作用和弱相互作用，都统统归为物理学的范畴——可见化学其实就是物理学的一个层级，一门以实验为基础的科学。人类文明为何要把化学从物理学中单列出来？是因为它在我们日常赖以生存的时空尺度内是必需的。对生物学而言，也是同样的道理。

20世纪中叶，现代物理学突飞猛进地发展，带动了其他基础学科如天文学和化学的进步，生物学却陷入了一个尴尬的境地：虽然在医学和遗传学方面的建树颇多，但人们发现在微观和宏观上似乎对生命的本源存在着迥异的解读。用量子力学的相关理论来"解读"生命，得出的结论与实际情况不符；而其时的化学和细胞生物学也无法对于生命存在和延续给出能够令人信服的解释。双方的关注点交汇在一起，似乎出现了一个尺度上的盲区。这个盲区是什么？又如何统筹地解释生命的意义？这些问题，薛定谔都一一注意到了。

在《生命是什么》这本书中，薛定谔对生命的定义十分小心：他认为存在一种"非周期性的晶体"（指的是细胞内染色体），这东西就是生命的物质载体；同时考虑到消弭量子波动性的影响，生命必须有一个远远大于原子尺度的体积——假设有一种智慧生物 A，其尺寸跟几个原子差不多，则 A 的文明只能做一件事情：那就是如何对抗热运动。因为他们的尺度太小，粒子间的热运动对 A 而言就相当于一场永恒的、颠覆天地的灾难。在这种情况下，A 连自保都困难，哪还能够有机会去发展文明呢？

薛定谔引用量子力学中"能级跃迁"的概念解释了遗传学中"基因突变"，并提出了关于遗传密码子的假说，而事实证明他的这个猜想是正确的。也正是这个理论，奠定了日后分子生物学的基石：薛定谔认为遗传信息被压缩在尺度相对较小的某一结构中，生物的不同表型都是这些信息解码后在一定的外部环境下表达的结果，虽然那个时代人们还不知道遗传物质的载体是核酸。

此外，薛定谔还提出了"负熵"的概念。1854 年，德国物理学家克劳修斯提出的"熵"是表现体系混乱程度的度量。这个令人不安的参数和基于它所提出的热力学第二定律差点让人们陷入绝望的渊薮。如果把宇宙看作一个孤立的系统,它将朝着"熵增"的方向演化。这种演化的结局就是到了宇宙的最后阶段,将不再会有任何可以利用的能量。这听上去非常可怕,但薛定谔并没有纠结于此,他另辟蹊径,提出了对生命活动的另一种补充解释:生命以"负熵"为生——既然熵被定义为"混乱度",那与之相对的"负熵"就可以被定义为"有序度"。生命是一个自组织的有机体,为了维持自身的有序性,就要降低混乱度(熵),也就是必须不断摄入"负熵"。负熵这个概念非常独特,但它的意义远比当时薛定谔可能想到的还要深远,日后诞生的信息论就跟此理论紧密相关。

薛定谔提出的这些概念深远地影响了生命科学的发展,10多年以后,沃森和克里克就是在薛定谔理论的引导下提出了脱氧核糖核酸分子的双螺旋结构模型,这也正式标志着"分子生物学"的诞生。分子生物学是一门伟大的学科,正如我在本文第三、四段中提到的那样,分子生物学的诞生填补了一个科学盲区,意味着人类完成了从宇观、宏观到微观尺度上的学科研究布局,现代自然科学的体系得到了进一步的完善。

《生命是什么》一书中还阐述了薛定谔对于意识和物质之间关系的思考:在薛定谔的哲学观中,他确信主体与客体是不可分割的;他分析了技术革命对于生物演化的影响,指出其中可能存在的危险:任何一种过度利用智力优势的手段都将对进化产生负面影响,哪怕这种影响是人们所期待的。

薛定谔渴望人与自然的和谐,他终生把"统一所有科学"作为自己的信念和愿景,为此,他不惜冒着被人攻讦为门外汉的风险,转换了自己的科研领域。这就是为什么他身为一名物理学家却涉猎生命科学的原因。拉脱维亚裔德国物理学家奥斯特瓦尔德曾说过:"当人们从事任何一门科学研究并到达其巅峰后,就只剩下两个选择:要么你留在顶峰,但存在跌下神坛的隐患,以及被年轻且充满活力的后辈推翻的危险;要么你主动而迅速地褪去光环,离开这里,留下为人称赞的背影。人们不应该因失去那些在美好年华所获得的成就而感到失落,反而可以利用你的思想、精力和经验在其他领域重新开辟新的天地。不要担心无所适从,只要你的智力资源有足够的贮备,思想便永远不会停顿和枯竭。"对于薛定谔而言,我想这就是最合理的解释吧。

陈晓峰

【作者小传】

陈晓峰,人文学院2017级汉语言文学一班。

若,秀木繁荫,叶落暮春,感此地万物之神奇。爱生活一点,听一首诗,便要在脑海里回想一遍路上偶遇的那一番美景,一起装扮这美好的春天!

带着感恩的心,踏上一段旅程,看见更多真诚的笑颜,愁思一点,便随风烟消云散。喜欢听别人唱歌,那里面饱含真挚的情感,可以驱逐生活里消极的平淡。如果可以,生活需要一副微笑的面具,时间久到它可以成为一种无法割舍的习惯。

如果觉得生活真的没有激情和意义,那一定要选择一件自己特别喜欢的事情去"牵绊"自己,可以读诗,可以旅行,可以品味美食,也可以选一件自己觉得困难的却又感兴趣的事情然后努力去完成,然后不停地赞美自己的优秀和人生的不可思议。

嗯,就是这样。 生活需要,听风起,等雨落,在一片绿竹中拥诗意入怀!

层雪飘渺于虚无

——读《雪国》

要读《雪国》了,听雪未见雪,我会觉得这是一个很罗曼的故事。但如果知道川端康成,哪怕是有一点点了解,我都不会觉得一个忧郁感伤而又孤独的作家会写出浪漫到以雪封国的故事。

关于作家与作品,按照传记批评的方式来看,人物的经历和思想对于作品的解读有着莫大的作用。川端康成作为日本盛名文坛的作家,是亚洲第二个诺贝尔文学奖获得者。川端康成1899年出生于日本大阪,父亲和母亲因肺结核在他一岁和两岁时相继死去,他后来与双目失明的祖父相依为命,在他十

《雪国》,(日本)川端康成著,人民文学出版社

五岁时,祖父也离开人世,人生沉哀,至此孤寂感伤无依。关于川端康成的人生,是影响他小说写作的重要因素。在五十多年的文学创作中,他的创作可分为战前和战后两个阶段,战前大多描

写舞女、艺妓、女演员、女招待等下层少女的哀伤感情，忧郁的生活和悲恋故事，颇有一种中国古代以女子口吻写闺中思怨的代言体诗文的感觉，而《雪国》就是川端康成创作前期与后期的过渡作品。后期作品，由于川端康成参加了战争，后来日本战败，川端对于战争以及战后半占领下的日本社会是感到忧愤的，所以他将纯爱情的描写同社会生活融合一体，给作品灌注了一些时代的气息。现在要去感悟的是他的雪国。

  雪国，小说描写舞蹈研究家岛村去雪国旅行，在去往雪国途中的火车上，遇见了年轻美丽的叶子悉心护送一位男病人前往雪国，岛村倾心于叶子的纯洁和动听的声音。到雪国后，岛村在温泉旅馆结识了名叫驹子的艺妓，后来岛村了解到，驹子是他路上碰到的叶子照顾的男病人的未婚妻，驹子同行男之间虽无爱情，但却甘愿作为艺妓赚钱为行男治病。驹子再遇见岛村之后，倾慕于岛村，而行男的病故就像一条火线，更加燃烧着驹子对岛村的爱。叶子爱慕行男，在行男病故后，祈求岛村好好对待驹子，岛村对驹子的爱情保持着一种肉体上的愉悦和心灵上的同情，把驹子的爱情看作是一种徒劳，"尽管驹子的爱情是向着他的，但他自己有一种空虚感，总把她的爱情看作是一种美的徒劳"，这是岛村对于驹子爱情的内心感受，但他偏偏对于叶子有一种精神上的倾慕，最后一场大火吞噬了叶子的生命。

  小说通过一个一个关系链，串起了文中的主要人物，驹子—岛村—叶子—行男，驹子可以看作是一个关系的起点，处于底层，这对于驹子无疑是不利的，在倾慕于岛村时，她就失去了一切优势，尽管驹子为了行男的病情甘愿做艺妓，但她只是在偿还她师傅的情，她对行男是没有爱的，在行男将死之际，她却不愿见最后一眼,尽管她害怕死亡,但连最后一面都不愿见,她内心是否对行男有一丝的怨恨?无论如何,作为一名艺妓,这也许是她生活的一种方式,但无疑,面对生活,她却总是积极认真的,面对岛村,总是絮絮叨叨地诉说着她每天干了什么。关于爱情,她渴望的或许并不多,她只是想着能像普通人一样,只是她后来遇到了岛村。岛村对于生活玩世不恭,他既爱驹子,又倾心于叶子,但他家里又有妻子。驹子对他来说是一种肉体的愉悦和安抚,叶子是他心灵上的寄托,叶子有时更像是他内心构造出来的,纯洁、美丽、歌声动人。对于女人,岛村总是犯着一种错误,那就是她把女人当玩物。他在现实面前,有一种空虚感,他更追求虚无缥缈的憧憬,后来,叶子死了,她带走了岛村的虚无幻想。叶子,在故事中一直展现出一种虚幻之感,岛村对于她的了解,是从别人口中获得的。她就像一个精灵,在艹篇中留下美好印象,让岛村魂牵梦绕,最后又在大火中逝去,回归虚无。

川端康成在《雪国》结尾处这样写道:"她(叶子)在空中是平躺着的,岛村顿时怔住了,但猝然之间,并没有感到危险和恐怖。简直像非现实世界里的幻影。僵直的身体从空中落下来,显得很柔软,但那姿势,像木偶一样没有挣扎,没有生命,无拘无束的,似乎超乎生死之外。"这对于故事的主题有一种揭示作用,文中处处透露着一种虚无的思想。文中对于景色的描写,处处表达着一种主观感受,对于景物,赋予主人公的情感,由于文中主人公岛村对实际生活毫不在意,所以他眼中的景便带有一种虚无之感。这在岛村初次遇见叶子时,也有体现。岛村透过火车的窗子上的玻璃去观察叶子,呵一口气,叶子印在玻璃上的样子便瞬间模糊。而对于叶子的死亡,岛村没有感到一丝的恐惧,叶子去了,在那一瞬间,她仿佛在做生命最后一刻的飞翔,但她落到了地上,不过,她的灵魂或许归于宇宙之中,穿梭旅行。这些是川端康成创作特点的一个体现。川端康成的创作以虚无思想为基础,由虚幻、悲哀和颓废三个因素构成。而叶子,可以看作是虚幻的代表,驹子的命运是悲哀的体现,而岛村对于生活的态度就是一种颓废。

雪国离不开雪,文中的一切景色都在雪的映衬中展现美态。层峦叠嶂的青山,附上一层白雪,寂静冷清,却又因春天泛着一种潮气。初见驹子时,岛村所看到的景象:"杉树亭亭如盖,不把双手撑着背后的岩石,向后仰着身子,是望不见树梢的。而且树干挺拔,暗绿的叶子遮蔽了苍穹,四周显得深沉而静谧。"在这种清冷的冬天里,却总透露着生气和活力。以雪封国的冬天,作者编织着一段梦,梦里有爱情离愁别绪,又有死亡世事无常。雪国中的意象是那么唯美,像那飞舞的蝴蝶,洁白无瑕的雪,叶子死时那片亮眼的银河,都表现出一种流动着的空灵,拨动在人的心坎上。像冬天的红叶,秋日的飞蛾,有生命的真诚火烈,又有象征人生死亡的常态。一去雪国,虚无便是加注于生命之上。千山暮雪,只剩层云。

王 鑫

【作者小传】

王鑫,男,江苏盐城人,现就读于西南交通大学2017级道路桥梁与渡河工程专业(本科)。平时喜欢旅游、美食,喜欢看些杂志杂文,喜欢打打游戏放松心情。

对于读书,我认为,读书不在多,亦不在于精,而在于情怀。深入透彻的研究是那些专家的事,而我们只需要读喜欢的书,有自己独特的感受与想法,这些想法或许异于大众,不合潮流,但也是自己内心看法与书的思想碰撞的产物,虽不能做到人人接受,但也能无愧于说自己读过这本书了。生活亦如读书,亦在于情怀。不必做世人眼中的好学生,而要做自己眼中最好的自己。

格言:岁月渐积,卷帙自富。

读《乌克兰拖拉机简史》有感

第一次读这本书,无论是作者还是书本身,都确确实实让我感觉到它的确如别人所言,是一本与众不同的书。

首先给我留下深刻印象的是作者玛琳娜·柳薇卡。《乌克兰拖拉机简史》是她在经历了几十次的退稿之后得以出版的第一部作品,此时柳薇卡已经近六十岁。在这之前,柳薇卡一直在从事写作,甚至可以说是自幼便开始尝试。诗歌、戏剧和短篇故事都有写过,还有两部探讨严肃问题的完整小说,然而她写作事业的成功,竟然开始于一部《乌克兰拖拉机简史》,她甚至完全没有任何准备,这令柳薇卡本人感到十分振奋,同样也让我们再一次体会到人生的惊喜。正如不少"心灵鸡汤"提到的:成功从不会因为你剩余的生命的长短而拒绝到来。这样的虚假励志故事太多,大多数人都经历了从一开始的相信到后来筋疲力尽也

《乌克兰拖拉机简史》,(英国)玛琳娜·柳薇卡著,邵文实译,吉林出版集团

没有等到成功到来的失望，我自己也是如此，在已经开始质疑嘲讽时，我读到这本书第一页的作者简介，脑子里蹦出来的想法竟然是："原来成功真的不在乎生命是否苍老。"社会竞争下年轻的我们几乎每个人都渴望着成功，但却不是每个人都得偿所愿，我们焦躁着，慌乱着，因为我们总是想着再不成功，以后老了就没有机会了。其实有谁规定了成功只属于生命的前一半呢？剩下的二分之一，只要你想，只要你肯付出肯实践，成功依然会在你的前方停驻，人生之路不止，那么就都有可能。人生总是有意思的，它会为你准备惊喜作为奖励，不管你是青年还是老者，成功偏爱的是付出的人。

令我印象深刻的，不仅仅是柳薇卡暮年成功的传奇，她在书中表达出的对苦难的态度，包括对苦难描述的形式，也与他人不同。区别于其他作家对苦难的写实描述或是干脆痛斥苦难，柳薇卡选择了以轻快明丽的简单叙述徐徐将过去那段黑暗可怕的历史波澜不惊地展现在读者眼前。这种平淡的描述形式，却让人觉得反而比直接痛斥、呐喊来得更加有冲击力，因为它会不断吸引着读者在不经意间透过浅浅的文字看到隐藏其中的深意，继而领会灾难的深沉可怕。

再者，就是柳薇卡对待苦难的态度了。对待苦难，有人哭，也有人笑，而柳薇卡明显属于后者。幽默是读者们对她文字的形容，我觉得这也是她面对苦难的形容。面对苦难，如果我们仅将视线聚焦于苦难本身，沉溺其中无法自拔，那必定是痛苦的、悲伤的。可是，如果真正了解苦难并不灭对将来的希望，或者是记住充满美好的短暂时光，我们或许就可以像柳薇卡一样笑对苦难了。记得在罗伯托·贝尼尼导演的电影《美丽人生》中，令人印象最深的不是战争的恐怖和犹太人所面临的纳粹党的残害，而是奎多对妻子和儿子深深的爱。柳薇卡于 1946 年出生在二战之后的难民营，在那里度过了一段童年，曾有人说孩子是上帝派来的天使，在他们的眼中，没有绝对的苦难，因为他们总是相信一切美好的存在。人生在世每个人都会面临不幸，痛苦是无法避免的，但是这个世界上从来没有绝对的痛苦，任何小小的快乐都有可以抵消巨大的痛苦的力量。孩童时期几乎是人一生中最美好的时光，我们会因为细小的快乐忘记苦难，我们会挂着泪痕抓蝴蝶，会因为糖果忘记刚刚摔了跤，然而不知何时，我们逐渐忘记了这一技能，我们会被苦难蒙住双眼看不清其他，我们专注于抱怨苦难以至于忽视了任何值得快乐的事……或许我们也应该学学孩子们，用一点一点的快乐去抵挡住苦难的浪潮。

除了作者令人印象深刻，书的内容也十分吸引人。首先，这本书的书名就很独特——"乌克兰拖拉机简史"，许多人第一眼便会觉得这是一本农业相关的书籍，甚至一开始它的确被错误地归到了农业一类，导致出版第一年仅有不到百本的销量。当然，随着它拿下一个又一个奖项，很多人开始知道它其实是一本小说，其实书中主人公的父亲出版过真正介绍拖拉机历史的《乌克兰拖拉机简史》，并在书中提出合理使用技术等一系列观点，而作者自己的父亲也的确出版过类似书籍。翻开书的第一页，作者真真切切地做到了一下子抓住读者的眼球：开篇就讲 84 岁的老父亲与 36 岁的乌克兰女郎坠入爱河，巨大的年龄差迅速吸引读者的兴趣。这到底是怎么回事？读者一定会带着这样的疑问继续阅读下去，同时作者卓越的写作技巧和令人惊艳的文字，也会给读者的阅读增添许多乐趣。书中故事的发展并没有只单纯地按照时间来，作者一方面讲述着以为自己遇上真爱的老父亲和想通过结婚移民追求更好的物质生活的年轻女人之间的发展，另一方面穿插关于主人公家族战争时期的苦难史作为隐藏的思路，同时也是整部书的主要内容。过去与现在交替讲述，便使作品充满层次感，表达的主题也更加丰富。另外这本书中的人物也都设定的很有意思，作为主要人物的一家人性格都十分鲜明，并且为了使他们的形象更加立体贴切，作者会通过人物习惯动作的描写来体现人物的性格想法，比如已经去世的母亲性格保守，小心谨慎，虽然早已远离被战争饥饿支配的苦难生活，但过去的生活像烙印一样留存于母亲的记忆中，所以母亲依旧会时时刻刻在家中储备足够的粮食，吃穿用度也十分简洁。作者还将家中的成员分类代表了当时社会上所普遍存在的守旧派、西化派和过渡派三类人，透过这个家庭内部，我们便可以看到当时整个时代的矛盾。就这样，通过笔下的这一家人，作者将当时整个社会剖开展现在读者面前，让读者能够十分简明地了解故事的历史背景，从而能更好地理解作者的想法。

  总的来说，作为一部略带讽刺性的小说，《乌克兰拖拉机简史》是生动而有趣的，它的与众不同吸引着读者。通过书中人物的不同视角，作者描述着一些生活中刻着过去影子的事件，将历史的真相展现在人们面前。但是从头到尾作者的笔调都是幽默淡然的，并非苦大仇深，小说的结尾部分也令人感受到了温情。由此可见，整本书除了有对历史的理性描述和社会现状的讽刺，还有的是人与人之间的一些温情和生命的美好，作者虽然向读者展现了历史的残酷，战争、饥饿带给民众的苦难，但同时也肯定了这个世界上美好的存在，这或许可以当作是作者对读者的一些安慰。我们必须承认，苦难的岁月是真实存在的，但那都已经成了过去，而比它更加重要的，是今后的生活。书中老父亲曾说过一句话"活着就是胜利"，那一辈人以此为信仰，顽强地生活了下去，而如今，在和平年代下的我们，也同样面临着巨大的生存压力，但不管如何，比这些更重要的，是生活。

刘媛媛

【作者小传】

刘媛媛,女,河南省商丘市虞城县人,现就读于西南交通大学2017级城市地下空间专业(本科)。

喜爱阅读与写作,偏爱中国传统文化。

古人云:"腹有诗书气自华。"阅读之于我,乃境界的彼方。纵览古今,凡成大事者,一为阅尽千帆,二为读书不倦,实则殊途同归,书中之言,作者之肺腑之感也,而作者之感取之于生活,所以此二者皆为生命之悟。鄙人坚信,好书者异于常人也,世俗虽扰,然本心不变。

人生格言:我最怜军中宵舞,道少年到死心如铁。

本能与规则

——《蝇王》读后感

《蝇王》,(英国)威廉·戈尔丁著,龚志成译,上海译文出版社

我喜欢读儿童文学,像丰子恺痴迷于儿童的率真与单纯,向往于一个生灵的最初的简单本质。然而,孩子是要长大的,当简单趋向于成熟复杂的时候,大人的世界就到来了,这是一个从原始的自我自由走向制度社会的过程。所以,很多文学作家喜欢从孩子的角度描写世界,将他们的不解、疑惑,甚至于反抗寄托在孩子的眼睛里,以简单的思维烘托世界的复杂,又或者,从孩子身上去探索人类的本质——善与恶。

威廉·戈尔丁的小说《蝇王》就是这样一本书,带着血腥的色彩,试图从孩子身上探寻人性的本质。故事发生在未来的第三次世界大战,因为飞机失事坠毁,一群孩子被困在孤岛之上。短暂的无措之后,孩子们以海螺为地位的象征,听从它的拥有者——拉尔夫的领导。搭造住所、生火求救、寻找食物,一开始的时候，日子安稳而和谐，然而对食物的渴望，使孩子们分成了两派，杰克主张原始的追求，然而拉尔夫坚持制度的构建。两派的矛盾在烟火的熄灭和工具的争抢中加大，梦境和怪兽的流言也愈传愈疯，杰克一党越来越疯狂，也越来越兴奋，他们猎杀野猪，将猪头献祭给怪兽，玩起追逐野猪的游戏，甚至在兴奋中误杀了被蝇王预言未来的西蒙。然而，同伴的鲜血却使得一切更加不可控制，小胖子在石块下丧生，拉尔夫在火海中躲避捕杀。故事的最后，平静的海岸边，军人们发现了这群孩子。至于后来的事情没有人知道会如何，谁也不知道习惯了残暴的原始生活的孩子们能否再回到文明社会。

但我相信，每个人看完这本书，都会是震惊的。因为在文学史上，对于孩子的描写，通常是单纯率真，是为了反衬成人世界的丑恶而存在。然而，在戈尔丁的笔下，这种率真大概是指对于残暴行为的毫不遮掩，比之于成人面具下的丑陋，更加冲击人的感知的一种恶。当然，这也与作者的观念有关。戈尔丁一直认为：邪恶来自人类自身。像荀子"人之初，性本恶"的观点，是人类自身的不道德造成了邪恶的制度，把本来是善的东西变成了恶的东西。由于这种不无偏颇的看法，所以戈尔丁的作品往往黑暗多于光明，真善美往往败在假丑恶的手下。

在《蝇王》中，孩子们就是这般屈服于原始的欲望，抛弃了拉尔夫的制度观念，模仿原始人进行猎杀，并且十分享受这种感觉，从而误杀了同伴。然而，施虐的行为反而更加激起了他们内心的人性之恶，在与文明隔绝的孤岛上，由着残暴与冷漠肆虐。另外值得注意的一点是，戈尔丁将人物放在封闭的岛屿，将时间定在未来三战中，从而使人物在时间及空间上都孤立起来，使他们脱离了社会环境，避开教育与文明的力量，独自反思，呈现出赤裸裸的人的本性。若不是精神升华，获得救赎，便是顽冥不化，至死不悟。

书中另外一个特色便是神话色彩，我一直觉得它和《百年孤独》有点共同，大概就是这点魔幻感吧。书中那只向西蒙预言未来的猪头、伤疤男孩总是看见黑蛇，都带着一些奇特的神话感，这其实源自20世纪人们对神话文学的研究。作为英国革新派作家之一，戈尔丁与默多克、斯巴克等人都承袭了英国18、19世纪现实主义小说的传统，拥有自己独特的写作方式，不同于前辈直接地反映现实生活，更喜欢编撰神话和讽喻故事，从而表达他们的哲学观点、道德观点，甚至创作理论，企图用神话揭示人的潜意识的心理活动，威廉·戈尔丁曾"因为他以清晰的现实主义叙述方法和家喻户晓但变化多端的神话，阐明了当今世界人类的状况"，获得诺贝尔文学奖。

与传统的唯美主义不同，《蝇王》是理性批判主义，文中的意象颇多。通过翻看资料，可以发现书中最重要的是伦理问题。《蝇王》的伦理观无疑是可悲的，人类的自私和占有欲战胜了善与爱，摧毁了文明与制度，捧起了野蛮与残暴。书中的拉尔夫、小胖子、西蒙代表着三种不同文明形象，拉尔夫是领导者，小胖子是秩序与物质文明的信奉者，西蒙是道义与精神文明的守卫者，而杰克则是善与恶的结合体。关于这些的理解，许多学者专家做过讲解与分析，便不做多述。

善与恶是人类千年的论题。中国古代，孟子相信人性本善，而荀子却说人性本恶。我国学者黎鸣在他的著作《人性的双螺旋》中，用数学模型推导出一个结论：人性的90%偏向恶，只有10%偏向善。常言也曾道：人不为己，天诛地灭。那么善恶真的存在多少之分吗？人类的本质到底是什么呢？我喜欢老子的辩证法，一个问题不可能有绝对正确的立场。判断一个人是恶是善，取决于社会道德约束力和物质需求的影响。当孩子们刚来到岛上的时候，都还有着社会文明的影响，这些过去的习惯约束着他们的行为，他们会听从理性的领导。然而，当物质过于匮乏的时候，人类的本能需求与文明产生了矛盾，是要坚守文明，还是满足欲望？大部分人都会屈服于食物的需求，这是无可厚非的。因为人类也是动物，动物的一项本能便是觅食，为了食物而发生争夺厮杀都是自然界的常见情况，人类也不能避免，但是人类又是有思想的，他们会为自己制定规则与制度来维持庞大的社会生活，他们有自己的道德观和文明，不仅仅是依靠本能生活，更多的时候依靠共同的规则做出相应的行为，甚至在物质与精神冲突的情况下，约定俗成的东西会驱使他们抛弃本能。

其实，从时间和空间上来看，人类文明和规则制度都是为了要求个人舍弃自我来维持社会体系运转而存在的。这是一种庞大而无法反抗的东西，可以轻易摧毁，却又很难摧毁，从个人角度来说，为了满足本能，你可能会去烧杀抢掠，但是规则制度却要你抑制本能，遵循社会秩序。你当然可以抛弃规则，无视道德约束，但是每个人在世上都是与他人有联系的，你的任何行为都会影响到身边人的生活，而身边人的身边有更多的人，而这种影响的不利会驱使他们做出反应，既然由你引起，那么必定要对你做出制裁，使你无法肆意满足自己的本能需求。如果说遵守的结果和不遵循是一样的，而不遵循还会产生额外的损失，在趋利避害的本能下，人会选择更有利的——遵守秩序，这就是一种道德约束力，时刻提醒着你不恰当行为的后果。当然，不排除规则制度完全崩溃的情况，但是这不会长久。从历史上来看，无论世界性的大战，还是国家内的改朝换代，战争总要过去，因为想要维持人类的发展的社会体系的可持续性，必定要有对大部分人都可接受且有利的规则与制度。就像书中虽然杰克统领了孩子们，一度过着残暴原始的生活，但是这是暂时的，因为是由物质的匮乏导致的。如果说将人类时代缩影到小道上，那么几千年前的人类也是如此，但是随着时间过去，文明与规则必定要产生，因为只有文明与规则才能维持社会运转，纯粹的野蛮只会带来厮杀与争斗。所以，物质同样是个重要的问题。

这里想到一个人，莫言。虽然莫言获得了诺贝尔奖，但是我一度不喜欢他的作品。他的文章总是充满乡土气息，带着那个时代的野蛮与地气，粗鲁而不文雅。《丰乳肥臀》里的那种粗俗在他的每本书中都可以看到一些，无论是野合还是脏话，都那么自然而然地写在书中，因为饥饿而引发的故事中也并非都是赞颂骨气。他曾说过，那个时代，饿到泥土都能吃，活下去都是问题，谁还管什么好不好。一针见血，自此改观。时代留下的印记都是独一无二的，如同莫言那个时代的粗俗，杰克他们在岛上的生活同样是野蛮的，生存都是问题，文明自然要败落下去。何其可悲，似乎他们也没有什么错，为了生存，有什么错？所以，物质是精神的基础，一味讲精神是不科学的，但是也要记得社会总是需要规则抑制本能的。

恶是不可能消灭的，只要本能还在，随时都会有人控制不住去作恶。由人而衍生的一切，抛去人类这个身份，又有什么意义呢？所以，我们只能尽量控制恶，宣扬善，用规则维持社会体系的运转。毕竟，劝说一个人不要闯红灯，总没有闯红灯就罚钱来得更有效。

高峦

【作者小传】

高峦，女，1999年出生于辽宁抚顺。现就读于西南交通大学竺可桢书院铁道工程专业。虽然学习了土木专业，但仍然很喜欢读书，喜欢去研读《诗经》之类的书。觉得这些简短的句子里表达了人类最真实的情感，传达了世间最深刻的道理。平时喜欢散步，喜欢晒太阳，喜欢一切美好的事物。最喜欢的书是《平凡的世界》。喜欢诗词，喜欢古琴，尤其喜欢屈原的《山鬼》一篇。希望自己能过上"喜乐长安，岁月静好"的生活。除此之外，对美食毫无抵抗力，愿意把整个世界都看成一块蛋糕去热爱！

诗三百，思无邪

"诗三百，思无邪。"《诗经》贵在民风淳朴，传达的都是发自本心的喜悦或忧伤，让人一目了然，却又回味无穷。读《诗经》，仿佛品了一杯清茶，上好的茶杯，上好的茶叶，只让人觉得神清气爽，口中回甘；又仿佛敲开了一颗成熟的胡桃，散发出独属于草木的清香，心旷神怡。但也有很多人并不喜欢《诗经》，那么多的生僻字让人望而却步；反复使用的赋比兴手法又让人觉得晦涩难懂或枯燥无聊，甚至觉得这本流传了几千年的经典仿佛与现代快节奏的生活方式格格不入。其实不然，《诗经》传达的都是人类最朴素最真挚的情感与生活中浅显却又深刻的道理。

《诗经》，〔宋〕朱熹集传，上海古籍出版社

读《诗经》时，我喜欢独处，一个人静坐着，去感受来自几千年前的悲欢离合与喜怒哀乐。有时读到深处，竟也能产生情感上的共鸣，不禁感慨：原来从古至今，人们的悲与喜都是相似相通的。好比说《氓》，先秦时的"渣男"

和现今的都是一个套路：花言巧语把姑娘骗到手了却不懂得爱护珍惜，好像娶了个免费保姆一般，让那女子"夙兴夜寐，靡有朝矣"，他却还"士也罔极，二三其德""言既遂矣，至于暴矣"。真是过分至极！好在这位女主人公是位有魄力的：与你白头到老不仅委屈，恐怕还得做一位怨妇，反正你违背誓言不思悔改，我们就一刀两断了吧！就算是放到现在这样的女性也是不多见的，当断即断，着实让人佩服。这一篇《氓》也叫我们广大女同胞们择偶的时候千万要擦亮眼睛，别被花言巧语蒙了心，即使遇人不淑，也要有这位女主人公当断即断的勇气与魄力，毕竟，活出自我才最为紧要，可千万不能委屈自己成了别人的附属品。

说到《氓》里的渣男，《淇奥》里所描写的翩翩君子就和他形成了鲜明对比。且不说这位君子的外貌如何出众，他的品行便让人敬重。他心地光明，雅量高洁，胸襟恢宏，举止从容，生性风趣又平易近人。让人一见就难以忘记。"瞻彼淇奥，绿竹猗猗。"他站在那竹林中，长身玉立。用我们后人的话夸赞便应当是：积石如玉，列松如翠，郎艳独绝，世无其二。"有匪君子，如金如锡，如圭如璧。"有这样的人立在那里，自然是"既见君子，云胡不喜"了。

作为女子，我也不能免俗地去喜欢那首《桃夭》，它几乎将女子的美写到极致，也将汉语的炼字功力发挥到极致。"桃之夭夭，灼灼其华"，桃花是尘世的，生在寻常百姓家，田边村头遍地皆是，却也空灵清绝。桃花盛开，迎着日影彤彤，仿佛天边云霞一般灼灼，让人见了便心生欢喜。于是我便想象着：新娘子着大红嫁衣，凤冠霞帔，被人从花轿里搀扶出来，娇娇柔柔宛如桃花初绽，黑色泥土地上散碎的鞭炮屑，则像散落一地的花瓣。先是"灼灼其华"的出嫁，然后是"有蕡其实"的成熟持家，最后是"其叶蓁蓁"多子多孙的完满。短短几句，却写出了女子平安喜乐的一生。在我看来，没有什么比喜乐长安这四个字更加让人踏实了。比起那些犹如昙花一现般惊艳的女子，我更羡慕这位在桃花盛开时出嫁的女子，相夫教子，安稳度日。就像桃花，美得安静从容，并不妖艳。毕竟，平平淡淡才是真，人间至味是清欢。

比起"执子之手，与子偕老"这两句被人用烂了的句子，我更喜欢他的上一句"死生契阔，与子成说"，一个征战在外的士兵，面对着战火，忧愁不安，疲惫之际，忽而想起曾与心爱之人一同立下的誓言：生同衾，死同穴，要一起变老。可现在哀鸿遍野，战火纷飞，这样看不到头的别离，简直让人活不下去。这样的思念与绝望痛得噬骨。战争从来都是残酷的，一将功成万骨枯，古来征战几人回。这个士兵却要比其他人幸运，因为他心中有爱，有所牵挂。他知道有人在家为他祝祷，盼他岁岁安康，早日回家。即使他战死，成为千千万万的牺牲品之一，他也是独一无二的，总会有那样一个人将他牢牢锁在心里，使他魂魄有所依。在这乱世，不敢奢求"执子之手，与子偕老"，但求我们有着"死生契阔"的坚贞不渝。

同样是在外服役的男子与思妇，相比《击鼓》里可歌可泣的誓言与爱情，《君子于役》中的思念就显得轻描淡写却又深入人心；于日影衔山时，妇人赶着牛羊从山上下，又将鸡赶回圈里，生活是这样平静，可她却忽而回头对着村外远山凝望，喃喃说出那句"君子于役，不知其期，曷至哉？"似吟似唱，似有若无地泄露了她的思念苦楚：丈夫在外服役啊，叫人如何不挂念。"君子于役，如之何勿思！"在夕阳西下的乡村景色中道出思妇的思念之苦，浑然天成，令人心头一紧。初读时并不在意，可合上了书，脑海里回响的不是那掷地有声的"死生契阔"，而是思妇的一句"君子于役，不知其期，曷至哉"。它没有着意将一份思念写到一叶惊秋的地步，却将思念写进了我们每个人的心缝里。它的思念真实，淡然，沉重！轻易地就将心弦拨动。

《诗经》中对于女子对男子的思念与等待的描写很多，可这等待的结果却也分了三六九等。《郑风·风雨》中那女子的等待便是值得的：窗外天色昏暗，鸡儿也不住啼叫，在风雨即将到来的时候，等待的人心里是惴惴不安的，这样的天气，他会不会如约前来呢？你仿佛看得见，她倚门而立，蹙眉凝望。四野如墨，一灯如豆，天色越来越暗，女子的心情也变得焦急——他终是来了，未负初约，踏雨而来，青衫不湿。有道是"最难风雨故人来"，此时来的又是令人心仪的男子，无怪那女子欢欣雀跃，低低吟唱："既见君子，云胡不喜。"他如透过云层到来的光线，将原先因天气阴霾带来的压抑感一扫而空。同样是等待，《郑风·子衿》中的女子就可怜得多。她在城阙等候着情人，她望眼欲穿，却就是不见情人的踪影，她着急地来回走动，不但埋怨情人不赴约会，更埋怨他连音信也不曾传递："青青子衿，悠悠我心。纵我不往，子宁不嗣音？青青子佩，悠悠我思，纵我不往，子宁不来？"古时男女的约会很不自由，就算郑是比较开放的地儿，那自由程度和现代人还是有区别的，机会难得，可他却没有来，她的等待落了空。即使那男子爽约，可她却还是要说："挑兮达兮，在城阙兮，一日不见，如三月兮。"可悲可叹，读到这一篇，我倒是真心希望那男子有万不得已的原因不能赴约，希望那女子的相思没有错给了人，希望世间的每一份深情都能被珍重。

《诗经》中的诗表达思念，表达厌恶，表达喜悦与忧愁。就像一棵树上不可能只结甜而大的果子，也有干瘪酸涩的。人生百态，酸甜苦辣，个中滋味，只有身在其中才能体会吧。正如《王风·黍离》中所说："知我者谓我心忧，不知我者谓我何求？"但无论喜悦悲哀，我们都要学会顺然承受。用诗的清雅去寻找，用经的深邃去看待。《诗经》带给我们的不仅是美的享受，更是对情感、对人生的诠释。先祖们用自己的亲身经历、悲欢离合感悟出的一切，都值得我们去细细研读，慢慢体会。

靳籽玉

【作者小传】

靳籽玉,来自美丽的新疆。自小,便乐得在书海中寻觅一份独属于自己的宁静。母亲口中的"竹外桃花三两枝,春江水暖鸭先知"使得苏轼成为我最爱的词人,让我开始沉醉于他的诗词世界;启蒙于狄更斯的《雾都孤儿》,便对外国作品爱得一发而不可收;一遍遍读罢《边城》,让我喜欢上了这个敢闯而又深深怀旧的湘西赤子;源于偶然得来的《渌水亭杂识》,纳兰容若带我初识了爱情。爱书海,更爱荧幕。从《阿甘正传》到《美丽心灵》,再到《海边的曼彻斯特》,开始了对奥斯卡电影的攻城略地,甚至不甘于放过每一个精彩瞬间。二十年的风雨岁月,我走过了很多城市。从大美新疆的山川草原,到北京城高高矮矮的城墙围垛,再至峨眉山顶的日出云海,生活过的地方无一不令我陶醉。

美，与悲剧

——关于《边城》的一点想法

一个季节又一个季节的交替，山依旧高峻，水依旧澄澈，沉淀过了恢宏沧桑，也积蓄了幽静凄婉，这是一幅山水画，好像陶渊明笔下的桃花源，生活在这里的人，是画中人，穿梭往来，阡陌交通。这里是湘西凤凰，这里是沈从文《边城》里的茶峒。

《边城》，沈从文著，北京十月文艺出版社

如同旋律高低起伏才能抓住听众的心一样，一本书，一个故事，好像唯有跌宕起伏的故事主线，才能抓住读者的眼睛，才能让人有读下去的欲望。可是沈从文，他实在是那一个不愿随波逐流的小部分的代表。他写的文章，向来清澈透明，《主妇》《静》《萧萧》，他的作品，着墨最多的不会是猜不出的剧情。然而偏偏是这么平淡又简单的故事，每一次都深深地揪了人的心。

不是大喜大悲的情绪起伏，也不是起起落落的不平心境，这里的边城，分明是难得的良辰美景，可是，美丽在这里稍纵即逝。莫言在《檀香刑》里说："世界上的事情，最忌讳的就是十全十美，你看天上的月亮，一旦圆满了，马上就要亏欠，树上的果实，一旦成熟了，马上就要坠落，凡事只有稍留欠缺，才能持久。"恐怕这也是从文先生所想表达的吧。

湘西边境名为茶峒的小山城，有一条小溪，溪边那座碧溪岨的白塔下，住着主人公翠翠和她的祖父，小溪流下去，约三公里，便汇入茶峒的大河，水常涨落，限于财力不能过河，于是安排了一个方口渡船，翠翠的祖父便是管理渡船的人。他自20岁起守在这小溪边，五十年来，一把船桨，不知来去渡了多少人。

翠翠，是老船夫的独生女十五年前同一个茶峒军人秘密生下的，后来，一对情人双双殉情，留下翠翠给老船夫养育。因为住处环靠的山峦多篁竹，翠色满眼，老船夫便给这孩子取名翠翠，沈从文把自然能给予的最好的东西给她"在风日里长养着，皮肤变得黑黑的，触目为青山绿水，一对眸子清明如水晶"，又将所有美好的秉性也写给她 "她为人天真活泼，处处俨然一只小兽物，人又那么乖，从不想到残忍事情，从不发愁，也从不动气"。住在白塔下的翠翠，她照料着家，与祖父相依为命，陪伴她的还有一条大黄狗。风清日和的时候，无人过渡，老船夫便和翠翠坐在门前的大岩石上晒太阳，或者扔一段木头，让身边的黄狗跃下把木头衔回来。或者是吹着用竹子制成的笛子，吹那些迎亲送女的曲调。日子是这样平静地过着，直到翠翠十三岁那年闹端午，在热闹的赛船比赛时候，翠翠和祖父失散，身边只有大黄狗陪伴，一直站在原地等待着，直到赛船比赛结束，直到捉鸭子比赛结束。她也没等到祖父，却遇到了刚比赛完的船总的二儿子傩送。

掌水码头的船总名叫顺顺，年轻时曾当过兵，个性又慷慨大方，后来待在茶峒，因着他既明事理又不爱财，做了茶峒的船总。他的两个儿子，大儿子天保，二儿子傩送，是极具湘西特色的优秀青年。翠翠和傩送的第一次见面，两人的几句斗嘴，反而都在彼此的心里生了根。情窦初开的翠翠，把心中的情愫一直小心翼翼地收藏着，不敢对任何人提起，甚至是祖父。日子就这样静静地流淌着，时隔两年，又一次的端午，翠翠明白了自己心中所想，再一次去城里看赛船，羞涩和不知所措，让翠翠在面对傩送时出奇的冷漠，而这个时候，天保也遇到了翠翠，紧接着的几次接触，天保也爱上了翠翠，并且请了人去说媒。翠翠惶恐之中，并不知道该如何答复，但是她却坚定着自己内心的选择。这个时候，大儿子天保和二儿子傩送，两个人相互坦白了彼此对于翠翠的感情。为了公平，兄弟俩决定以赛歌的方式决定，向翠翠表白心迹。天保认为自己提前说媒对傩送而言不公平，于是他让傩送先唱，可听了傩送的歌声之后，天保自知无法比过，于是弃权，并离家外出闯荡。就在祖父猜中了翠翠的心思，知道了傩送曾为翠翠唱一晚的山歌的时候，却传来了外出的天保溺死在了湍急的水波中的噩耗。因为大哥的死，傩送要渡船不要碾坊的心也不再坚定，再加上家人的反对，他无法面对翠翠，于是，也毅然离开家去闯天下。

翠翠再也没有听到过梦里那支悠扬婉转的歌，那个唱歌的人选择了远走。后来，在一个雷雨交加的晚上，老船夫怀着对翠翠的惦念与忧心离开了人世。那个夜晚白塔也倒塌。对翠翠而言，白塔的倒塌，以及和白塔一样一直耸立在她心里的爷爷的去世，都给了她沉痛的打击。故事的最后，白塔重新被建起，翠翠接手了祖父曾经的管理渡船的工作。老船夫生前的好友老马兵来照顾翠翠。她的祖父葬在这里。她要等的那个人，也许明天就回来，也许永远不回来。

  文章结束于此，没有交代结局。或者对翠翠而言，她的成长已经说明了这一切。边城于她而言是枷锁，也是归宿。那座碧溪岨的白塔，是她的精神寄托。曾经倒下过，但是却依旧被守护它的人们重建起。没有轰轰烈烈的事迹，没有众多鲜明的人物，甚至翠翠的爱情，也只是刚刚萌发，可是这又是一个再正常不过的生活故事。

  翠翠、傩送、天保，他们都是最美好的人物，热爱着生活，热爱着茶峒的一切。天保和傩送的竞争，隐含着个人的手足情深。于是，一个想要成全离家却不幸遇难而死，另一个在知晓了哥哥的死讯后无法安心，也选择远走他乡。天保是一个能独当一面的当家，一个好哥哥，却不是一个好的竞争者。和傩送竞争，他认为自己占领先机先去提亲，于是让傩送先唱歌，傩送唱完，他知道自己无望超过，就默默远行，他做的这一切，很久后他的心上人翠翠才知道，天保间接因为翠翠而死，他喜欢的女孩子，却也是他生命里注定的劫数。不过，处在湍急水流中的时候，也许天保是抱了以死来成全弟弟的想法吧。毕竟他和傩送都是极熟水性的，却讽刺地溺死在了水流中，如果那个时候他的求生信念再强烈一点，会不会故事就有一个不一样的结局。

  整个故事中，我最讨厌却也最理解的人就是傩送。他和翠翠一见钟情，翠翠的祖父帮翠翠找他，可他却误解老船夫；他对着翠翠住的房子唱了一夜的歌，可是自此之后却再无举措，他的不坚定动摇了他和翠翠的感情。最后，哥哥的死讯传来，他无力承受，家人的逼迫也让他无可奈何，只有选择逃避开这一切。于是，翠翠留在了这里，也许就是这样遥遥无期地一直等待下去。如果当初，翠翠早一些对祖父坦白心思，如果她不曾遇上天保，那么也许她和傩送还能够圆满地生活在一起，至少不用面对着不知何时归期的未来。可是，《边城》的意义也正在于此。

淳朴、善良，这都是应该有的品质，边城，不仅仅就是为了烘托他们的那些动人品质，而是在描绘一种已经逝去很久了的爱，执着与坚守。因为爱，翠翠的母亲和父亲一同殉情；因为爱，老船夫在独女死后养着翠翠，忧心着翠翠的生活，惦记着她的心思；也同样是因为爱，翠翠决定等待着傩送的归来。

有的人说，《边城》是一部悲剧，几个人物无一不是伤感的剧情。小镇是平静祥和的，可是将视线放大到个人身上，却又不那么如表面美好。顺顺，年轻时的叱咤风云，再到中年时候依旧是意气风发，可却接连失去两个儿子，原本平静祥和的生活因为翠翠一家而硬生生地打破。天保，喜欢上的女孩子不喜欢自己，为了成全，在离开时候却丢掉了自己的性命。傩送，失去了自己的哥哥，无法和自己爱的人一起相守。翠翠，在祖父死去之后，一个人撑起整个家庭。甚至连那个老马兵，他年轻时向翠翠母亲唱歌表白，却被拒绝，后来竟然帮她照顾遗孤。

这样看来，似乎整篇都是弥漫着哀婉的气氛，可是他们都忘了，爱和等从来都不是可以预知可以掌控的。人生本来就是不知从何而起，也不知从何而终。人们之间的争吵、不理睬，揉碎了看都是无声无息如同流沙一般在时间里。茶峒这座小小的边城里，发生的故事没有好与坏，也没有对与错，原始得透彻，又现实得分明。故事流水般展开，又静静地结束。没有审视评判任何人，沈从文客观得近乎理智,他还原了生活本来的模样,看起来很美好,可是字里行间却又有着掩饰不住的悲凉。正是因为这些纯善和美好不可易得,在现在物欲横流的社会里才显得尤为珍贵。它让我们更明确了关于"美"的感受和追求。如沈从文所说,他写《边城》想要表现的本是一种人生的形式,一种优美健康自然而又不悖于人性的人生形式。借桃源七百里酉水流域的小城小市愚夫俗子,和普通人事牵连在一处时,各人应得的一分哀乐,为人类"爱"字做恰到其分的说明。确实,在《边城》里他做到了。

美和悲剧从来就不矛盾,大多时候,悲剧的人性美更加突出,也更容易被我们铭记。如果真的有那么一座充斥着爱与善的边城,希望它的故事不再以悲伤收尾,也希望它能够被我们温柔地对待。

孙文斌

【作者小传】

孙文斌,来自江苏扬州,现就读于西南交通大学道桥专业。本人好学上进,为人诚实,积极乐观,有较强的责任心和团体合作精神。

我性格不是特别外向,所以交际能力不强,更喜欢安静温和的环境。我很喜欢汪曾祺随遇而安的生活态度,也喜欢苏轼眼前见天下无一个不好人的心性气度,所以愿意将这个世界看得简单一些,活得自在潇洒一些。当我融入大学这一新的环境中的时候也如此,你不可能去改变它,唯有适应它,你才能更好地学习和生活。

一本书,一杯茶,生活确实很美。

《美的历程》读后感

《美的历程》是中国现代著名的美学家李泽厚先生撰写的一部美学著作，他从龙飞凤舞的远古图腾写到明清工艺，以一种宏观的审美目光描述了中华民族审美意识发生、形成和流变的历程。可以说，这本书是一本广义的中国美学史纲要，为中国美学史勾画了一个整体轮廓。

本书共分为十章，分别是龙飞凤舞、青铜饕餮、先秦理性精神、楚汉浪漫主义、魏晋风度、佛陀世容、盛唐之音、韵外之致、宋元山水意境、明清文艺思潮。每一章通过评述一个重要时期的艺术发展，概括性地展现了中国审美的发展历程。刚开始接触这本书时，我读得很是吃力，因为它结合了审美、文学以及历史的知识，理解起来并不容易，但好在本书篇幅不大，在反复阅读几次之后，多多少少也对每章有了自己的认识。

《美的历程》，李泽厚著，生活·读书·新知三联书店

第一章龙飞凤舞主要描述的是新石器时代的艺术，具体的表现

就是图腾。因为这一时期审美与艺术并未独立或分化，所以艺术审美需要以一种具体物的形式来展现，因而图腾成了最好的象征品。比如中国西部和南部部落联盟主要以龙作为图腾旗帜，而中国东方集团主要以凤作为另一图腾符号。此外，新石器时代前期主要表现的是天真活跃的氛围，具有生机勃勃的气息，而到了晚期则转向了沉重和恐怖氛围，变成了维护统治者威严的产物。

第二章青铜饕餮主要围绕青铜器展开，通过描述青铜器凶狠恐怖的文身来展现一种神秘的威力和狞厉的美。它一方面是恐怖的化身，另一方面又是保护的神。它通过人们对其神秘恐怖的敬畏心理，来起到一个维护社会和谐稳定的作用。

第三章先秦理性精神主要阐述的自然就是理性精神了，它主要描述了儒道互补和中外建筑对比两个方面。儒道互补讲的是以孔子为代表的儒家学说对主题内容的影响和以庄子为代表的道家学说对审美方面的影响差异，彼此对立和补充。另一方面对先秦建筑风格也是围绕实践理性精神展开的，平面整体、严格对称的土木建筑体制表现了实用理性的观念，使人们感到生活的安适和对环境的和谐。

第四章楚汉浪漫主义主要描述的是中国南方浪漫主义气息的呈现，尤其以屈原为代表的浪漫主义诗人表现了一个想象混沌丰富、情感热烈粗豪的世界。这让我不禁想起了屈原的美政思想，他认为只有圣君贤相才能改变楚国的政治和社会的现实，使楚国强大起来，这又何尝不是浪漫思想的一种完美体现。而到了汉代这种发展更加剧烈，常常通过高度夸张的形体姿态，表现出汉代艺术那种蓬勃旺盛的生命力，这种整体性的磅礴气势令后世难以望其项背。

第五章魏晋风度的一大特征就是人的觉醒。人们日常议论的不再是功成名就，抑或是花天酒地的娱乐，他们更多关注的是对生死存亡的哀伤，对人生短促的感叹，这种新思潮成了那个时代的主旋律。其具有代表意义的就是陶潜和阮籍，他二人分别创造了两种艺术境界，一超然世外，冲淡平和；一忧愤无端，慷慨任气。相较于陶渊明不为五斗米折腰的退隐做法，我更喜欢阮籍的猖狂与愤世，他通过悲愤哀怨、隐晦曲折的诗风表现了对于生命的忧虑、对于社会的讽叹以及对仙境的向往，展现了那个时代的最强音。

第六章佛陀世容讲的主要是异常复杂的宗教现象。尤其以佛教文化为代表，一方面它麻痹人们于虚幻幸福之中，另一方面它又寄托了广大人民对现实苦难的抗议和逃避。因为南北朝时期战火不断，人们生活在水深火热之中，因而宗教就成了他们最好的精神慰藉。不同时代的宗教有着一定的差别，作者主要把它分成三个时期来看，分别是魏、隋唐以及盛唐后来表现不同的审美标准。

第七章盛唐之音主要通过诗歌和书法来表现一种丰满的具有青春活力的热情与想象。其中，将盛唐诗歌推向顶峰的诗人当属李白，他笑傲王侯，蔑视世俗，因而他的作品如行空天马，超迈绝伦。此外书法的杰出代表以张旭、怀素的草书和狂草为最，放荡不羁，畅快淋漓。

第八章韵外之致主要是对中唐时期艺术风格的探讨，突出特征即为对韵味的追求。通过将作品中的韵味、意境、情趣相结合，展现出一种空灵、含蓄、平淡、自然的美。此外，本书也提及苏轼对中国文艺的巨大影响，不同于别人对苏轼个体全方位的研讨，作者将目光主要放在苏轼对社会进步产生的影响上，认为他把进取与退隐的矛盾双重心理发展到一个新的质变点。

第九章宋元山水意境主要介绍的是中国绘画艺术取得的巨大成就，尤其以山水画为代表。用作者的话说，即中国山水画不是门阀贵族的艺术，而是世俗地主的艺术。通过宋元山水画经历的三个阶段（即以董源和范宽为代表的无我之境、优雅而精细的细节忠实和诗意追求，以倪云林为代表寂寞哀愁的有我之境）表现出人与自然牧歌式的宁静。

第十章明清文艺思潮以小说戏曲为代表，通过对世俗人情的描述，暗藏了对个性解放的呼唤，打破了长期正统儒家的封建思想，但这一思潮在清朝出现了倒退，转向了对现实无奈的感伤。除此之外，以朱耷、石涛为代表的绘画，构图简练，造型突兀，画面奇特，笔法刚健，给人一种悲痛的感受。

阅读完这本书，觉得它最大的价值便在于将美学具体化，原本美是一种抽象的存在，只可意会不可言传，然而作者通过某一时期具体的艺术发展来以小见大，向我们呈现了人们审美在社会因素以及时代背景下的不断发展，构造了一个古代美学发展的脉络图。从而，我对美的历程就有了一个具体的认知，或许这便是作者的伟大之处，也是此书的经典之处。

作者对美学追求的一段理解让我印象很是深刻：内的追求是与外的否定联在一起，人的觉醒是在对旧传统旧信仰旧价值旧风习的破坏、对抗和怀疑中取得的。外在环境并不会完全符合每个人的个体追求，而人的伟大之处便在于他能打破常规，在对立统一中取得进步。当一个人的内在追求能冲破外在否定的羁绊，他对自己存着的价值追求才会有了一个全面的认识与定位。所以说，有时候以一种批判的眼光看待这个世界也是有它的意义的。

在跟随作者对美的具体历程后,回头放眼视之,美似乎又变得模糊起来。其实美一直存在于我们周边,它存在的形式也有很多,相较于它的对立面,很多时候美丑只在一念之间,当我们愿意用一张欣赏的角度去看待生活与这个世界,我们才会看见自己的内心感动,触摸到生命之美的温度,感受到灵魂深处美的澎湃无限生命力。

在美的感召下,生命变得敞亮而豁达,平静而深邃。

巫烁理

【作者小传】

我热爱科学，追求真理，对神秘而触手可及的大自然有着无尽的推测和幻想，一个平凡的学生、科幻迷、一个饥饿得颤抖的动物，迫切而步履蹒跚地寻找属于自己的精神食粮；我热爱生命，喜思考和批判生命的意义和世界的规则，他人心中的乐善者，自己心里的大反派；我热爱艺术，热爱文明，尊崇它们的价值思索它们的意义，时常以此引发思考获取灵感，一个手绘者、乐手、音乐痴。我叫巫烁理，生在四川自贡的一个偏僻角落，明白自己和他人看起来一样的平凡普通，却依然相信着自己有一颗不一样的心。

《孤独深处》读后感

《孤独深处》,郝景芳著,
江苏凤凰文艺出版社

我是个如假包换的科幻迷,但是很少有看短篇小说。说来好笑,我在这里为大家推荐的一本科幻小说却是一部短篇小说集,我得承认它的的确确让我着了迷。

郝景芳的《孤独深处》收录了她在2010年到2016年间的一些短篇科幻小说,一共11篇,当然其中曾获最佳中短篇雨果奖的"北京折叠"是成功吸引我了解它的关键。小说集并不长,总共不过296页,看完整本书总共也没花我多少时间,狼吞虎咽的话一天之内就能解决。

我之前很少看短篇小说,因为我认为长篇小说往往表达得更多,内容更充实,引发的联想和思考也更深,当然最主要的是它耐啃,过瘾很舒服。但是,慢慢品味《孤独深处》之后,我发现其实短篇小说其实也很有趣,短小但干练,喻义往往更集中,而且基本不会看得枯燥,毕竟人家短,兴趣还没下降就over了,反倒让人怀揣不甘开始想象，仿佛中国水墨画的留白，如果还要比喻的话，短篇小说就是一颗流星，短暂又不失精彩，明了但不失深刻，突然明白为什么朋友说这小说集像极了一场流星雨。

小说集第一部"北京折叠"，讲的是大地的一面是第一空间，五百万人口，生存时间是从清晨六点到第二天清晨六点。空间休眠，大地翻转。翻转后的另一面是第二空间和第三空间。第二空间生活着两千五百万人口，生存时间是从次日清晨六点到夜晚十点，第三空间生活着五千万人，生存时间是从十点到清晨六点，然后回到第一空间。时间经过了精心规划和最优分配，小心翼翼隔离，五百万人享用二十四小时，七千五百万人享用另外二十四小时。在第三空间，垃圾工老刀一顿早饭要花一百元，老刀一个月工资一万元，而他希望能让自己捡来的孩子糖糖，上一月一万五学费的幼儿园，第二空间的收入差距和第一空间完全不能相提并论，高出第三空间几百上千倍，第一空间亦是如此，为了这个花费，他宁愿冒险去其他空间送信，于是展开了一次跨越空间的冒险。

科幻往往会反映一个社会现象或者思考在未来的极端展示，而整篇小说就会以一个树状图一样的逻辑展开一系列的比喻，"北京折叠"以老刀的视角带领读者游历折叠北京，以这些经历突出反映了社会顶层操控规则，中层高节奏工作，而底层的穷人，将连被剥削的价值都不再会有，这一个社会隐喻，以此为主干再从老刀的生活，老刀冒险路上遇到的人和事，又影射了众多的社会民生问题和当下的社会现状，有社会底层小人物维持生计的步履维艰，有青年人为自己所做的职业规划，体现出现代社会的价值追求。从他与各种各样的人的对话细节可以看出各式各样的人所面对的不一样的困难或烦恼。

　　当然，这篇小说也不是说完全冰冰凉凉，没有人间温暖，爱依然充斥在字里行间。

　　老刀是个单身汉，但有一个女儿糖糖，糖糖不是老刀的亲闺女，但老刀仍视如己出，糖糖热爱音乐，每次听到音乐时她脸上的笑容便会温暖老刀的心，让老刀看到希望，于是老刀便下定决心要让糖糖上最好的幼儿园，宁可自己受点罪，甚至走上违法道路也要让糖糖学音乐，守护她的笑容成了老刀毕生的信念。虽然社会现实是冰冷残酷的，但是老刀对女儿的爱让人们能感受到一种人性的伟大和无私，这不仅仅是父女之间的爱，同时也是在黑暗的世界下人这一生命体所展示出的对希望的坚守，这也许就是为什么人被称之为人了吧。

　　在二三空间送信时，秦天——一名学生是老刀在穿梭空间时遇到的第二空间的人，同时也是他的雇主，一位情窦初开的少年，在一次意外中遇见了他的公主——依言，一位第一空间的女孩，由于空间之间相互独立，两情相悦的他们只有通过借助"偷渡人"老刀的帮助以信件的方式联络。对于他们来说，明知道这个世界他们很难在一起，但是秦天依然报以希望，只求明白对方的心意，这位少年将自己的信件给了老刀，安顿一番后老刀踏上了通往第一空间的路。

　　如计划般，老刀顺利地找到了依言，在感叹第一空间的富裕和孤寂之后，老刀得知依言虽然爱着秦天，但是她已经被定下了婚约，这个女孩在现实的摧残下虽然对真爱有过追求，但是挣扎无果后也只能选择放弃。

　　老刀就这样在这几个空间或者世界中来来回回，看着折叠北京,感受着孤独。

人间自有真情在,小说的人物并没有所谓的好坏善恶,为的不过是在这看不见底的世界中守护自己的一点火光。

《谷神的飞翔》是郝景芳在 2007 年首届九州奖原创之星征文大赛一等奖获奖作品。

它的大背景设定在人类向外太空开拓殖民的大宇航时代,"谷神"是一块迷人的漂流陆地,开拓者把它建设成一个美丽的童话岛。谷神镇有几千座房子、一万多人口,是小行星矿业带的中心。房子之间,乳白色的马路组成花朵的图案。镇上零星几处没有填满的地方,露出地下的大海,就像花瓣上清透的露珠。天空被罩上两层完整的薄膜,一层是纳米半导体,而另一层是高分子气体,散射阳光,保存热量,形成淡金色的灿烂天空。人们缓慢地飘浮着,从水底挖出泥土和金属,提炼后交给火星来的飞船,以换取美食、衣服和其他必要的东西。可是,由于自然环境不同于地球,"谷神"的世界里没有月亮,没有山,没有树,也没有小动物,人类失去了地球的日夜节律。在这片没有根系的陆地上,孩子们从出生开始就在泡泡里漂流。在他们的眼中,自己的小镇太平淡无奇了。因此,朗宁先生的图书馆和关于地球的全息影像,就成为谷神镇孩子们最大的期盼。当朗宁先生驾着海豚形状的淡蓝色小飞船准时出现在小镇的上空,孩子们仿佛迎来了盛大的节日。可是,为了保证人类第二基地火星的发展,公民议会和火星总督决定用火箭捕获谷神星,瓦解星体为火星供水。至于谷神镇居民,留给他们的是两个选择:或者接受火星人的救济,或者乘坐自己建造的飞船,去比邻星三号行星开拓新的居住地。

朗宁先生是贯穿整个故事的一个旁观者,借助他的眼睛,我们看到谷神这个世界的安详，但也看到了它前途渺茫的命运，这里的人们充满着幻想和勇气，也展露着他们的孤独，最后，谷神上的人们带着他们的梦踏向了远方。

《谷神的飞翔》让人感到很舒适，就像在读童话故事，这里没有太多的波折和起伏，始终在一个梦幻的王国里，但是似乎又感觉人物又那么真实，不知不觉间就会为他们的坚强和乐观所感动。在这追求利益而忙碌不堪的世界中，人们又何时记起过他们的梦和初心？

小说就这样用着十分朴实的语言向我们展示着未来世界中的残酷和人的孤独，就像郝景芳说的：科幻小说构想一个可能性的世界，人站在这个世界的边缘，最容易感觉到出世和异化。出离世界的感觉是最孤独的孤独。

王浩然

【作者小传】

　　王浩然，西南交通大学2017级城市地下空间工程专业，西南交通大学扬华新媒体中心理事长。喜欢摄影、旅行、音乐、电影。习惯性一个人背包出国穷游，带着单反，听着音乐，追寻电影中的场景。拍摄出一些美好的图片，认识了天南海北的朋友，从小学古典音乐，对世界各地的音乐和电影有着特别的感觉。读过一些书，小时候看完了郑渊洁所有的书，所以郑渊洁对我的影响最深。最近从尼泊尔徒步登上珠峰大本营。

生活不止"六便士",还有"月亮"

大地上掉了月亮与一枚六便士,你捡拾哪一个?

1919年,毛姆停下了笔触。一本《月亮与六便士》诞生,却深深地留下了高更的烙印。我们从哪里来?我们是什么?我们到哪里去?

伦敦证券经纪人思特里·克兰德在画画前,或许大概率思考过这三个问题。和大家一样,他有着一个再正常不过的生活,正常到有些庸俗和平静:妻子漂亮,和其他妇人一样爱慕虚荣,衣着大方又得体,家居布置得淡雅清新,家务也安排得井井有条;有两个孩子,健康快乐,这就足够了;普通的家庭,人世的快乐,并不捉襟见肘,属于中产阶级,处处充满着精心经营的温馨,俨然是资产阶级眼中的"安乐窝"模范。

《月亮和六便士》,(英国)威廉·萨默塞特·毛姆著,傅惟慈译,上海译文出版社

恩特里·克兰德太太曾满含爱意地谈起她丈夫:"他一点文学

修养也没有，是个十足的小市民。"褐色书页中的这一段，恰若暴风雨的前奏。纵然有世俗家庭的温软，可谁又能真正排遣恩特里·克兰德无所适从的内心呢？

有一个念头驱之不去，萦绕心中；有一个"神谕"在召唤我；有一个事物在诱惑我，有一排樊篱在阻止我，有一种艺术，也只有艺术能将我的根从家庭的桎梏中拔出来！

生活不止眼前的苟且，还有诗和远方。恩特里·克兰德太太不就是眼前的苟且，即便温馨，即便充斥着世俗眼中的乐趣，即便能原谅他（如果他跟女人跑到巴黎）；但这周围的世俗没有人能看透他的内心！

我一点文学修养也没有，是个十足的小市民。

我一点文学修养也没有，是个十足的小市民？

我一点文学修养也没有，是个十足的小市民！

我必须画画！

哈！

跑了去吧，离开这平静至极的生活！跑了去吧，再见了妻儿工作！跑了去吧，去哪儿？

巴黎！

我必须画画！

施略特夫，你或许有点蠢，但不坏。有时候又太过好心，我是喜欢画画，可从没有人像你那么喜欢我。我有时候都觉得我有点冷酷，可你为什么一点没觉得。勃朗什爱上了谁是她的事，我可没有把她从你的怀里抢过来。或许，我没有吧。

你真是蠢，有时候又太好了。又蠢又好，我可以带着我的那些乱七八糟的画一同冻死在阁楼，饿死在大街，宿醉在酒馆，可又在你家里捡回来一条命。勃朗什,这个女人,我对于她是无所谓的。鬼知道她怎么爱上了我,我可并不那么爱她。

随她去吧,施略特夫。我或许真该感激你,在我住在巴黎的这段时间。可现在我要走了,我的生活真该死。该死!和我的画格格不入,我们就不该在巴黎!

我要走了,我会给你们带来祸害。我不会对你感恩,我并没有要求你帮助我。我不需要食物,我需要新的画布、新的颜料。我可能不太喜欢40度的高烧,不太喜欢潮湿简陋的阁楼,但能画画就够了。

有时候,我们并不能成为那个我们想成为的人,只能成为我们不得不成为的人。恩特里·克兰德是,太太是,施略特夫是,我也是,你也是。恩特里·克兰德,不得不去画画。那个近乎"神谕"般的召唤,那个萦绕在心头的意念,那个只要深处世俗的折磨,画画就是恩特里·克兰德不得不做的事。纵使世俗的束缚力量之强大,他也要逃出这个能吃掉所有艺术怪胎的吃人社会。

我要到塔希提去!

塔希提,美妙的一个名字。南太平洋上的一颗明珠,最接近天堂的地方。

"恩克里·特兰德抛弃所有,不顾一切来到这个小岛,然后画起了这里的少女。塔希提少女相对而坐,素色的小花簪在发际静静地散发着芬芳。这样的生活一过就是12年。"毛姆笔下的塔希提生活得如此安逸平静,仿佛恩克里·特兰德太太、勃朗什和施特略夫都灰飞烟灭一般不复存在。旧的生活一去不复返,新的,艺术的,与世隔绝的生活,他终于寻索到了一块大溪地,美的大溪地，画的大溪地。

生活不止六便士，还有月亮。

恩特里·克兰德从哪里来？恩特里·克兰德是谁？恩特里·克兰德要到哪儿去？

这些都已经不重要了，他已经属于塔希提。

或许，塔希提已经属于他。这是一个崭新的塔希提，随着恩特里·克兰德的到来。一个旧的、野蛮的、世俗的塔希提瞬间升华，一个全新的、浮然于画上的塔希提从他的画布上活了！世俗野蛮的人们仿佛也充满着原始美，抛弃世俗的一切，为了画，也顿时极具十分正当的理由。塔希提的少女啊，静静等待着，被恩克里·特兰德记录着，俨然融为塔希提的历史美学中。

世俗、现实、梦幻与美交织在一起，在塔希提成了恩克里·特兰德独有的梦，一个混沌不堪却又至清至澈的念。他的灵魂在这里超脱了，他从矛盾的对立面的敌人成为矛盾的集合体，他是被理想选中的人。或者，他是被理想选中的灵魂，凡夫俗体所共享的肉身早已不复存在。随着一罐罐颜料消失殆尽。

别活着为了自己！从不阅读文学的小市民脱胎换骨的恩特里·克兰德，从有了画画的念想的一瞬间，就失去了属于自己的生命。这是19世纪普通人的生命，不是属于艺术的美的生命体。

任何生命在历史之中都是转瞬即逝的，美不是。美的生命与天地共长，与银河齐寿。浩浩荡荡的银河之中，又有多少个璀璨如恩克里·特兰德的生命至暗至短暂，倏忽间亮如白昼，一个新的太阳，一个崭新的太阳系诞生了！

"人的每一种身份都是一种自我绑架，唯有失去是通向自由之途。我必须画画，就像溺水的人必须挣扎。"恩克里·特兰德是在他的归宿——塔希提——最终成为一颗恒星的。但恒星永远不知道自己是恒星，燕雀也永远不知道自己是燕雀，每个生命都在干着属于自己的似乎正确的事。月亮在夜晚中并不能感受到太阳的光亮，世俗的人在平常的碌碌中并不能察觉到恩克里·特兰德的光芒万丈。纵然有施特略夫睁开眼睛发现了他的光芒，也在一束束强光之中刺伤了眼眸。

"他绝不会忍受任何外在桎梏。依我看，他生命中只有那谜也似的热望，无休止地驱使他奔向一个他自己都不清楚的目标；若有任何东西妨碍征程，他会从心底把这东西连根拔除，哪怕惨痛不堪鲜血淋漓也在所不惜。"

恩克里·特兰德就是这么冷酷，甚至有些残酷。寻找美的代价或许就是这么大，哪怕惨痛不堪鲜血淋漓。生活与艺术的碰撞，世俗与美学的不融，将恩克里·特兰德撕裂开。从此之前，他是恩克里·特兰德；从今以后，恩克里·特兰德是他。

多么幸运，世俗的一生，艺术的一生，不是每个人都拥有两生。生命即瞬，就将它拉长再拉长，劈开它！即使有时候很痛，即使恩克里·特兰德太太："我真希望他死的时候贫困潦倒、饥寒交迫，一个亲人也不在身边。我真希望他染上恶疮，浑身腐烂。"光鲜外表，游走于上层社会的太太，一位贤妻良母！也能说出这样的诅咒，可谁又能揣度深不可测的人心呢？

生活不止"六便士"，还有"月亮"，即使还有个用"六便士"砸你的人。

生活不止"六便士"，还有"月亮"，即使有无数个低头捡着

"六便士"却对"月亮"大谈特谈的绅士。

"人们满不在乎地谈论美,由于他们说话并不经过深思熟虑,所以美这个词被用得太过泛滥,已经失去了原有的力量。许许多多微不足道的东西都冠以它的名义,于是它所代表的东西变得不再崇高。人们用美来形容裙子、小狗和布道,当遇到真正的美时,他们却又认不出来。人们试图用这种本末倒置来装饰他们毫无价值的思想,结果反而钝化了他们对美的感受力。"毛姆的笔是这样描述美的,仿佛所有人都能对美滔滔不绝地大谈特谈上几天几夜,仿佛他们每个人都是施特略夫,在恩克里·特兰德死后。

或许每一个接触美的画家都不能在生时被世俗所接纳。或许每一个滔滔不绝谈论美的绅士都能在画家死后及时地发现伟大。或许人们在无月的夜晚,失去了照耀"六便士"的光芒才发现月的光辉。或许每一个至俗至美的人都与对立面格格不入。或许贤妻良母、志怪痴人都是生活与艺术的悲剧性产物。

或许生活不止"月亮",还有"六便士"。

裴 霞

【作者小传】

裴霞,西南交通大学机械工程学院2018级硕士研究生。

旨在校园内打造一个小而美的组织,在一方天地里每个人都能袒露心声、探讨生活与文学,由此在西南交通大学创立了"在水一方读书会"。

此外,作为笔记侠笔记达人,西南地区笔记官,幕布官网读书会专栏笔记整理人,旨在带领更多的人将笔记运用到自己的生活和学习工作中,由此创造出全网首个人生笔记课程——乐写人生笔记。

雕琢自我,普惠他人。

纸短情长

——读《查令十字街 84 号》有感

这是一本很薄,甚至一上午就能够读完的书,我大概花了一个半小时便读完了。看完原著后想要有更生动的画面感,继而观看了电影。书的最后一页右下角看到了好友写的"李雨容赠 20180825"等字样,让人泪目,如此感动或许是因为刚好看完的是靠书信交流的故事。

这本书是好朋友在我生日的时候送我的,装帧非常之清新。生日收到了 11 本书,也是异常开心了,而且收到的礼物里都附带有一些手写的东西,从心底去感受飞速时代背景下的小心意,是异常欢喜的。

《查令十字街 84 号》,(美国)海莲·汉芙著,陈建铭译,译林出版社

"如果你恰好路过查令十字街 84 号,请代我献上一吻,因为我欠她良多。"整本书中最经典的一句话,也是最让人热泪盈眶的一句话。如果看完书再来看电影

的第一幕时，更有这种感受。而且电影完全没有改动书中的艺术气息。

电影中开篇就演了女主角终于来到查令十字街 84 号看这个书店，推门而入，风尘仆仆，期待书店老板的出现，期待所有曾经书信来往的人出现。可是没有，都没有，那个自称"我的书店"的书店也不再是想象和朋友描述的那个样子，充满灰尘，带有遗憾和无言。

看着原著的时候，想象着这个汉芙小姐应该是个有点胖胖的女孩子吧，真诚善良，会待在家里写东西，有一方小天地的那种小女生。电影开篇，车上的超有气质的高瘦女人一下就打破了我这种猜想，忽然我就将思想换向了这个高雅的女人身上。

汉芙小姐钟情于古版书籍，但是美国的书籍太贵，总不能买到自己钟情的书籍，一次偶然的机会，在《周末书评》上看到了英国的一家名为马克斯与科恩书店的广告，所以开始给这家书店写信并且附上了一份想要的书单，也就这样，她开始了长达 20 年的书信生涯。

没想到书店真的寄来了自己想要的书籍，此后的日子里，汉芙小姐每次有想要的书都会给这家书店写信，会在信中说明想要什么书，有时候也会吐槽书籍翻译得不够好，会在乎整个书籍的版式是不是令人舒适，并且在信中会标注清楚书籍的账单，书店里的弗兰克则负责对汉芙小姐的信件进行回复。书写的语气也由英国式绅士的客气变得如老友般的随意和柔和，曾经弗兰克还会称汉芙为夫人，可爱的汉芙则马上纠正弗兰克要称呼自己为小姐。

在这样书信往来的 20 年间，汉芙小姐不仅会在信中表明自己想要的书籍，偶尔还会吐槽自己写剧本时遇到的问题，自己获得奖金的喜悦等。但是有关书籍的信息都是和弗兰克先生交流。因为会不断给书店的全体成员寄各种小礼物等，赢得了大家的欢喜，店里的其他成员也会偷偷地给汉芙小姐回信，不断地书信交往，建立了彼此间的深厚情谊。

20 年就这样悄然逝去，书信一直在传递，但是马克斯先生、科恩先生、弗兰克先生都在汉芙小姐还没来到英国前相继离世了，虽然每次的信件中，书店的成员都会强烈希望汉芙小姐来到英国，但 20 年书信交流过去了，他们还是未能在英国共度美好时光。

遗憾与长久

人世间可真是有很多奇妙的事情，让人觉得，好像这个世界上真的很多美好，但是时间太快，人来人往，又很难有"永远"两个词，也总是有太多的遗憾。

在那个流行写同学录的年代，我们总是会写到友谊长存，永远开心。而那些留下真挚话语的小伙伴，现在是否还保持密切的联系呢？是否还是内心存有友谊长存的希望呢？或许我们还是会怀念那份真挚的情感，会怀念那个书信交流的时代。

当年等着小伙伴来信的惊喜好像也不复存在，但是曾经的那些泛黄的信纸还是记录着彼此的美好。我们总是会期许一份感情能够长长久久，所有的感情都是需要彼此用温情来维系，当距离、时间、忙碌，变成了感情疏远的理由，可能曾经形影不离的朋友，如今连她的婚礼都无法参加。

书信与情感

我是个很喜欢书信的人，也是个喜欢记录的人，还记得以前写过一段话:"我依旧热爱以前那个书信的年代。未来我对喜欢的人。我会钟情手写一封封情书,一直保存。我会热爱与他拍一张张有纪念性的照片并且打印出来。我会喜欢买一本本纸质书,并一起阅读,一直保存。"

现在看着这样的话,觉得有点理想主义,却还是很喜欢这样的生活仪式感。我常会收到读书会的小伙伴给我手写信件,当然不是邮寄,而是以拍照的形式发给我,但是我依旧在这样的信件中感受到了温情。

其实现在还是会羡慕那个以书信结识的友情,甚至爱情。毕竟,每一封信的背后,都有主人细心挑选信纸的细腻,写下动情话语的雀跃,还掺杂很多其他的情感。

笔尖上的浪漫,信里的每一个字最终都成为期许的故事。就像我到了很远的地方旅行,我都会选择寄一些明信片给自己,寄一些明信片给在乎的朋友,虽然明信片上只有寥寥几个字,但是那是我亲笔所写满含了我的祝福和深情。他在邮递员的手中不断传递,最终到达主人的手中这样的一个过程是令人期许的。

缘分与奇妙

时常会感叹世界很小,把很多人都串起来了,好像真的是这样,自己认识的人,别人认识的人,好像可以组成一个小世界。

本属于天南海北,绝不会相逢的人,会因为现在的互联网平台而相互连接,甚至拥有着比身边人还要好的关系,说着很多内心深处的话语。

缘,真的妙不可言。

这是一本可以称之为"爱书人的圣经"的书,短短的书籍蕴含深厚的情感，在看完书后相信都会想要去查令十字街84号看一看，但是这个地方好像已经不存在了，不过福尔斯的家还在呢，可真是个奇妙的故事。

这个时代，每个人也都活成了一座孤岛，我们向远处瞭望，看到的只是一片汪洋。你有没有试过，像挪亚一样，打开天窗，放出一只鸽子，探探海那一边的世界。

你有多久没写信了呢？是否现在会想要提笔给那个亲爱的他/她写一封信呢？写信告诉你，一切安好，停笔思念你，岁月静好。

崔 倩

【作者小传】

崔倩,人文学院汉语言文字学学生,生性如火,品性如水。喜欢旅游,欣赏江山如画。喜欢看书,领略世态万千。

重读《论语》有感

《论语》集先秦儒学之精髓，吾初领其貌于高中。今闲暇之时，偶遇其本，复惊其妙语。以受益于心，遂记如下。

1. 有子曰："其为人也孝弟，而好犯上者，鲜矣；不好犯上而好作乱者，未之有也。君子务本，本立而道生。孝弟也者，其为仁之本与！"（《论语·学而》）

按：弟，同"悌"。好，去声。属四声别义。与，平声，同"欤"。句末语气助词，《四书章句集注》言其疑辞，然结合文义，断其为叹词或更为妥帖。孝，事父母。悌，事兄长。善事父母及兄长，而干犯上位者，此乃少矣。然不干犯上位，喜作奸犯科者，亦少矣。故不作乱者，亦少犯上。不犯上者，亦不作恶。作恶者，少仁也。孝悌者，守仁之本矣。有仁之心，犯上者则少矣，故仁德乃治国之良策也。此说于论语数处可见，《论语·为政》有言："为政以德，譬如北辰，居其所而众星共之。"另"道之以

《论语》，〔春秋〕孔子著，吉林出版集团时代文艺出版社

政，齐之以刑，民免而无耻；道之以德，齐之以礼，有耻且格。"亦作此意。

此条述封建萌芽时治国良策，然于现代，亦甚用也。德法互兼，治国乃安。德，法之基也。法，德之小准也。二者相渗、相助、相生。习主席言"法安天下，德润人心"，亦含此理。

2. 子曰："巧言令色，鲜矣仁！"（《论语·学而》）

按：巧，好；令，善也。朱子《论语集注》解，好其言，善其色，致饰于外，务以悦人，则人欲肆而本心之德亡矣。圣人辞不迫切，专言鲜，则绝无可知，学者所以当深戒也。此条接上条，益谈仁之义。上则谈仁以直，此乃论仁以曲。以言及色示仁，乃舍本逐末，非仁之实也。孝与悌，乃仁之本矣。《孔子家语·颜回第十八》记孔子言："君子以行言，小人以舌言，故君子为义之上，相疾也，退而相爱；小人于为乱之上，相爱也，退而相恶。"故君子之言以仁为本，违仁之行，则以疾言劝之。于仁中然有异，谓之"君子和而不同"。

此条似于文质之论。《左传·襄公二十五年》：冬十月，子展相郑伯如晋，拜陈之功。子西复伐陈，陈及郑平。仲尼曰："《志》有之：'言以足志，文以足言。'不言，谁知其志？言之无文，行而不远。"故言载以文，乃行远之备。由此可见，弃文重质，非孔子之义。《论语·雍也》亦言此意："质胜文则野，文胜质则史。文质彬彬，然后君子。"

3. 曾子曰："吾日三省吾身：为人谋而不忠乎？与朋友交而不信乎？传不习乎？"（《论语·学而》）

按：省，视也，自省，反省。谋，《说文》解，虑难曰谋，即策划，出谋献策也。忠，信，诚也。习，数飞也，此处可释为反复练习。其"三"字为世人所议颇多，总之，盖有二说。其一释数、屡之义，以明省身之多。一释数词"三"，以藉后文所述。省己之身，曾子日日所行之事。所省之事，大致有三，处事忠乎？交友信乎？传后习乎？《四书集注》：日省其身，有则改之，无则加勉。此朱子之言概为省身之志矣。

所谓忠，曾子道："夫子之道，忠恕而已矣。"(《论语·里仁》)朱熹注："尽己之谓忠，推己之谓恕。"《增广贤文》亦有："责人之心责己，恕己之心恕人。"当同此意。所谓信，曾子曰："十目所视，十手所指，其严乎！"(《礼记·大学》) 富润屋，德润身，心广体胖，故君子必诚其意。所谓习，子曰："学而时习之，不亦说乎？"(《论语·学而》) 所谓省无身，乃孔家弟子所重之道。孔子曰："苟正其身矣，于从政乎何有？不能正其身，如正人何？"故"其身正，不令而行；其身不正，虽令不从"。《劝学》荀子亦重此理，曰："君子博学而日参省乎已，则知明而行无过矣。"西汉戴圣《礼记·乐记》曰："好恶无节于内，知诱于外，不能反躬，天理灭矣。"可见其推崇自省反躬之甚。

4. 季文子三思而后行，子闻之曰："再，斯可矣。"(《论语·公冶长》)

按：三思而后行，为代代世人所熟识。然孔子言，二次即可。此句虽已流传百世，然其所述之意颇有争议。上条所言"三"之两义，孰为此句之正解。二者颇似皆可。然据后文之"再"，释为数词三或更得体。再者，孔子之言所对者为谁？若言于季文子，则孔子之言乃扬季文子之意。郑玄疏："季文子，鲁大夫季孙行父也。文，谥也。文于忠而有贤行，其举事寡过，不必及三思也。"梁朝皇侃："孔子美之，言若如文子之贤，不假三思，唯再思，此则可也。"若言于众，则含《论语·先进》"过犹不及"之意。虑多而谨逾甚，则弊病现矣。季彪曰："君子之行，谋其始，思其中，虑其终，然后允合事机，举无遗算。是以曾子三省其身，南容三复白圭，夫子称其贤。且圣人敬慎于教训之体，但当有重耳。固无缘有减损之理也。时人称季孙名过其实，故孔子矫之，言季孙行事多阙，许其再思则可矣，无缘乃至三思也。此盖矫抑之谈耳，非称美之言也。"《朱子集注》引："程子曰：'三则私意起而反惑矣，故夫子讥之。'"上述二说，于季文子之评大相径庭。然结合上则自省之说，恐夫子言其思之有私者颇多。

5. 子曰："饭疏食饮水，曲肱而枕之，乐亦在其中矣。不义而富且贵，于我如浮云。"(《论语·述而》)

按：饭、曲，皆用作动词。疏食，粗食也。肱，胳膊也。夫子以安贫乐道为富贵观。不义之财，如过眼烟云，道不同不相为谋（《论语·卫灵公》）。子曰："贤哉回也，一箪食，一瓢饮，在陋巷，人不堪其忧，回也不改其乐。贤哉回也。"(《论语·雍也》)二用"贤哉回也"，以现子之赞许，可见回德之言行深得孔子之意。《论语·卫灵公》："君子谋道不谋食。耕也，馁在其中矣；学也，禄在其中矣。君子忧道不忧贫。" 君子可因道废寝，不可因财忘食。再者，"浮云"一词，于数日之前颇为流传。众人皆以为奇，纷纷效仿，然不知其为孔子之言也。

《论语·里仁》："富与贵，是人之所欲也；不以其道得之，不处也。贫与贱，是人之所恶也，不以其道去之，不去也。"可谓君子爱财取之有道，视之有度，用之有节。《论语·卫灵公》："子曰：'君子固穷，小人穷斯滥矣。'"《论语·述而篇》："富而可求也，虽执鞭之士，吾亦为之。如不可求，从吾所好。"皆是此理。

6. 多闻，择其善者而从之，多见而识之，知之次也。(《论语·述而》)

按：识，去声，记也。朱熹《四书章句集注》："识，音志。所从不可不择，记则善恶皆当存之，以备参考。如此者虽未能实知其理，亦可以次于知之者也。" 钱穆新解："多闻多见，择善默识，此皆世所已有，人所已知，非有新创，然亦知之次。"其所谓："三人行，必有我师焉。择其善者而从之，其不善者而改之。""见贤思齐焉，见不贤而内自省也。"皆言作学之道，可以时人之态、社会之风，省己身之作为。故以此可广至君子慎独之理。《礼记·大学》："小人闲居为不善，无所不至，见君子而后厌然，掩其不善，而著其善。人之视己，如见其肺肝然，则何益矣。此谓诚于中，形于外，故君子必慎其独也。"正所谓："莫见乎隐，莫显乎微。"择贤者从之，虽身居隐处，弗之怠也。

周欣然

【作者小传】

周欣然，就读于西南交大附中高二三班。热爱读书、喝茶、撸猫、听电音和古风音乐。喜欢李白、苏轼和嵇康。最大的梦想是在清秋泛舟下一次江南，去看看山寺月中的三秋桂子，在绿如蓝的江水边"画船听雨眠"。

梦里不知身是客

——读《浮生六记》

初中时,学过《童趣》一文,文字朴素自然,情感真挚,饶有趣味,作者便是沈复。文如其人,我想沈复一定是一个热爱生活、率真洒脱的人吧,才能体会到"物外之趣"。又猜想这样的人,成年后一定会过得顺遂无忧,岑静无妄。今年寒假,初读《浮生六记》,在字里行间读到了欢喜与悲哀,向往与失落,挣扎与无奈。沈复人生中短暂的岁月静好,繁华之后的落魄凄凉,令人唏嘘感慨造化弄人,命运无常。

"其生若浮,其死若休。浮生若梦,为欢几何?"人生不过是黄粱一梦,满眼的荣华富贵,功名利禄,都只"如梦幻泡影,如露亦如电"。沈复在这本自传体散文中,用深情的笔触,叙述了他一生的跌宕起伏,悲欢离合。

《浮生六记》包括《闺房记乐》《闲情记趣》《坎坷记愁》《浪游记

《浮生六记》,〔清〕沈复著,广陵书社

快》《中山记历》《养生记道》,共六篇。此书以作者夫妇生活为主线,描述了作者和妻子陈芸情投意合,想要过一种布衣蔬食而从事艺术的生活,家道中落,饱受贫困生活的煎熬,终至理想破灭。全书用自传的形式,将他一生的酸甜苦辣、悲欢离合生动地记叙下来,文笔大胆,文辞清新脱俗,读之令人回肠荡气、蚀骨销魂。

在这六记中,尤喜《闺房记乐》,甚是感动,内容多写夫妻之间相敬如宾、恩爱和谐之乐,情意绵绵。《坎坷记愁》最是让人不忍,此记集中叙述生活中的悲伤,多是家庭不和、分别、病痛,读罢悲凉顿生。掩卷而思,造成沈复的跌宕的命运的原因是什么?时代?他人?抑或是作者自身的性格缺陷?

纵观历史,芸芸众生往往在历史的进程中被卷挟着前行,他们的命运、悲欢离合被时代紧紧包裹。《浮生六记》中沈复提到:"余生乾隆癸未冬十一月二十有二日,正值太平盛世,且在衣冠之家,后苏州沧浪亭畔,天之厚我,可谓至矣。"沈复所处的时代正是太平盛世,他又出生在幕僚家庭,父亲在外做官。沈复少年随父游宦读书,奉父命习幕,曾在安徽绩溪、上海青浦、江苏扬州、湖北荆州、山东莱阳等地做幕僚。乾隆四十九年(1784),乾隆皇帝巡江南,沈复还随父亲恭迎圣驾。乾隆盛世,海晏河清,沈复不曾遭遇国运衰微,时代变迁;衣冠之家,虽非钟鸣鼎食,却也富足安康,沈复也不曾经历饔飧不继,颠沛流离。所以,他才会在本书开篇感叹"天之厚我,可谓至矣"。可见,时代并不是造成沈复命运走向悲剧的因素。

排除了时代的影响,身边人会不会左右沈复的人生呢?沈复的妻子陈芸是一位灵秀聪明、颇具生活情趣的女子,被林语堂先生誉为"中国文学上最可爱的女子"。既懂得吟诗赏月,也可计较柴米油盐。"轻罗小扇，并坐水窗，仰见飞云过天，变态万状。芸曰：'宇宙之大，同此一月，不知今日世间，亦有如我两人之情兴否？'"沈复鼓动妻子女扮男装逛庙会、拉上芸娘乘舟观夜景，看花赏月，闲情逸致，好不快乐。芸娘和沈复互通心意，视对方为知己，陈芸对沈复更是一往情深和无怨付出；两人膝下还有着一双机灵可爱的儿女。得妻若此，夫复何求？按理说，他一生应该幸福无忧。可事实上，他后半生家道中落，被父亲赶出家门，一双儿女相继夭折，芸娘也因长期流浪，客死他乡，沈复却"孤灯一盏，举目无亲，两手空拳，寸心欲碎"，连安葬亡妻的钱都没有。后来他流亡各地，不知所踪。

排除时代和他人，我认为，造成沈复命运悲剧的根源在于他的性格。美国经济学家约·凯恩斯曾说过："思想引导行为，行为养成习惯，习惯造就性格，性格决定命运。"一个人的性格对他的后天命运起着至关重要的作用。

其一，我认为，沈复作为一个男人，性格懦弱，缺乏应有的担当。作为男人，沈复一生既没考上功名，也无甚谋生手段，以偶尔做做兼职幕僚，以及卖书画为生。家道中落后，生活日渐清贫，"余连年无馆，设一书画铺于家门之内，三日所进，不敷一日所出，焦劳困苦，竭蹶时形。隆冬无裘，挺身而过，青君亦衣中股栗，犹强曰'不寒'。因是芸誓不医药"。他不但没有担起家庭的责任，奋力争强，以振家门，仍不忘慷慨周济，与朋友各种游乐，依然保持着曾经的中产阶级生活习惯，让妻子芸娘强拖着病体帮他撑起这个家。作为丈夫，当芸娘因书信往来的事情被公公婆婆误会时，沈复没有站出来为妻子辩解，最终导致芸娘失欢于婆婆，失信于公公，受到了极大的委屈；小叔借钱不还，对方找身为保人的芸娘催债，小叔则推诿撒赖，弄得芸娘里外不是人，最终一家人被沈父逐出家门；作为父亲，在妻子芸娘病逝，家中一贫如洗的时候，他没有尽心尽责撑起一个家，而是自暴自弃，选择逃避。他把儿子扔在朋友家，把女儿送去当童养媳，甘愿出家当和尚，最终导致了儿子夭折这一悲剧。

其二，作为文人的沈复，性格任性，虽率真而为，但不免过于放荡不羁。在他们夫妇俩寄居锡山华氏家中，沈复破衣旧鞋去上海访友借银。此时他手头拮据，家里还在等着他借钱归来却兴致勃勃地去虞山品上等碧螺春，还邀请路人就野店饮酒三杯。这番任性之行虽被后人津津乐道，却也不难看出他不计后果，花钱大手大脚。沈复去广东做生意，狎妓生活四个月，花了一百多两，他写道："合帮之妓无一不识，每上其艇，呼余声不绝，余亦左顾右盼，应接不暇，此虽挥霍万金所不能致者。"最后还说："半年一觉扬帮梦，赢得花船薄幸名。"因为任性，只管自己洒脱，全然忘了身上的责任，辜负了芸娘的深情。

人生暮年，沈复回顾一生，总结道："人生坎坷何为乎来哉？往往皆自作孽耳，余则非也，多情重诺，爽直不羁，转因之为累。"性格决定命运，倘若沈复是一个洒脱而有担当、多情而又专一、爽直而又所限制，那么他和芸娘的爱情也许就会"布衣饭菜，可乐终身"。那么，《浮生六记》也许就会少了《坎坷记愁》这一记吧。

"其生若浮，其死若休。浮生若梦，为欢几何？"

牟　筱

【作者小传】

　　牟筱，西南交大附中高二三班。表面是感性的文科生，实际上是个理性派，喜爱科幻悬疑小说，对大部分鸡汤文免疫。在家最大的幸福是听着音乐画画。爱好广泛但样样不精，有叶公好龙的嫌疑。外冷内热，但不具有"中央空调"属性，在不熟的人面前显得有些高冷，在小伙伴面前是个没有形象的"逗比"。

肉眼看不见的东西

——读《小王子》有感

"如果有人爱上了一株花,而她是那唯一的一朵绽放于这亿万颗星星之中,独一无二的花,那么仅仅仰望星空,就足以让他感到快乐。"

"爱"在文学中是一个永不褪色的主题,在许多写爱的文学作品中,也许只有《小王子》,不用跌宕起伏的情节、轰轰烈烈的情感、高深玄秘的文字来夺人眼球,却能在浩浩文学之林中屹立不倒,所以,我想谈谈小王子和他的玫瑰花。

《小王子》,〔法〕圣艾修伯里著,上海译文出版社

住在 B612 星球的小王子,有两座小小的火山和一朵小小的玫瑰花,玫瑰的虚荣伤害了小王子,而小王子也不懂花儿的柔情,选择了离开他的星球。在宇宙的旅途中,他遇到了荒唐的国王、狂妄自大的人、酒鬼、贪得无厌的商人、忠于命令的点灯人以及

死守教条的地理学家,追寻"珍贵"的意义。最终来到地球,在与狐狸的相处中看明白了什么是重要的东西。

作为一本豆瓣评分 9.0 的书,小王子被吹捧得天花乱坠——什么"超凡脱俗的仙童""痛斥社会的怪象""抨击成人世界的愚昧"等。没错,作者的确借孩童的口吻表达了对成人社会的厌恶,可我并不希望将这本书看得那么复杂,毕竟它最动人、最隽永的,是小王子的懵懂和玫瑰的缱绻,不是吗?

小王子爱玫瑰的心始终未变,可是正如他自己所说:"事实上,我那时什么也不懂,我应该根据行为而不是话语来进行评判。她给我带来了芳香和光彩,我真不应该从她的身边跑掉……我本应该猜到她那些差劲的小花招背后,隐藏着多少柔情,花儿是多么自相矛盾啊!但我当时太年轻了,不懂得如何去爱她……"他离开了,从这一刻开始,他的宇宙旅途变成了他的成长旅途,他在寻找"重要"的东西。人们常常说,没有过失去就不会懂得珍惜。也许正是因为失去,看得见的,变为看不见了;听得见的,成为无声了;摸得着的,形影无踪了……所有的感官都失去作用,才会用心去感受。

小王子认为他的玫瑰很珍贵,以为她是独一无二的。可是当小王子来到地球,看到满花圃的玫瑰花,意识到他的玫瑰不是全世界唯一的一朵,他很失望,玫瑰对他来说为什么重要?迷惘的小王子结识了狐狸。"那时他是一只狐狸,与其他十万只狐狸没有什么不同,但是我和他交了朋友,现在他成为全世界独一无二的了。"狐狸说:"只有用心才能看得准确,用肉眼是看不见重要的东西的。"小王子终于明白了,为什么玫瑰对他那么重要,因为"是我给她浇的水,是我把她放进玻璃罩里的,是我把他挡在屏风后面的，是我为她杀死了那些毛毛虫（除了两三只留下来要变为蝴蝶的之外），是我倾听了她的抱怨，她的自诩，甚至有时是她的沉默。因为她是我的玫瑰。"小王子用心，看到了肉眼看不见的东西——对玫瑰的爱。因为爱，他的玫瑰便是宇宙中最珍贵的；因为爱，让玫瑰变得对小王子如此重要。

也许我们每个人身上都有小王子的影子——当你终于明白什么是最珍贵的，珍贵的东西已经失去了。小王子终于懂得如何去爱，却再也无法弥补那段亏欠的时光。成长大概就是这样，有得有失。

长大的小王子决定回到 B612 星球守护他的玫瑰。蛇说它的毒液能送小王子回到他原来的星球，一道黄光在小王子脚踝处一闪而过，他缓缓倒下。有人说小王子死了，有人说小王子回到了自己的星球。我宁愿相信这是个悲伤的结局：那置人死地的毒液可以送人回到"原来的地方"，也许是来到这个世界之前的地方，也就是，小王子没有和玫瑰相会。更何况玫瑰很可能在漫长而寂寞的等待中早已凋零了……

作者在开篇就提到：这部童话是献给大人的。多少人曾像小时候的我一样将这"无趣"的书丢开，直到某个时候重温它，看到的却不是美好的童话故事，是伤感的心灵旅程。我心疼玫瑰的骄傲和虚荣——为了保护娇小的自己而不肯放低姿态，她不哭，即使她深爱的小王子即将离开，她也可以为了让小王子内疚而真的让自己死去。她用这些行为掩饰自己的爱，毕竟她是一朵高傲的玫瑰。可惜小王子不懂：只有用心才能看得准确，用肉眼是看不见重要的东西的。孩提时的我们不懂，所以作者把这句话，献给长大后的我们。

谁不曾是天真的"小王子"呢？我们又何必等到走上孤独的旅途，才用心寻找那重要的东西，也许人人都有一朵玫瑰，为我们单调的星球增添色彩，重要的东西是用肉眼看不见的，只有用心才能看得准确。

杜明阳

【作者小传】

杜明阳,女,2016级人文学院汉语言文学专业。非典型性文科生,随心而写,随性而活,在矛盾中生长。"黑夜给了我一双黑色的眼睛,我却用它来寻找光明。"

见信如晤,以之为检

——读《十九札》有感

《十九札》是一部讲解学术规范与方法的"研究手册",行文中满是严格学术训练的味道,"见字如晤,声息可辨",作者朱青生老师肯花时间在书信交流中一步步引导学生向学,实在很令人感动。这是一部并不厚重的书,薄薄一册,粗读不过一天便可"浏览"一遍,再读时心境便会和第一遍扫视时有所不同。在这十九封信中,说理性文章中融入了艺术的美,整个平和的语言让人不由随着信中话语静下沉思,一个一丝不苟、严谨认真又不乏艺术气息的教授形象跃然纸上。

《十九札》,朱青生著,北京联合出版公司·后浪出版公司

这篇读书笔记对我而言已不再单纯是完成任务的产物,更多地表达了一种看完教授娓娓之语后的感情抒发。虽学过如何写作读后感,但仍不愿"靠着尺子画直线"。缺少了临近截止日期的紧迫

感，内容大概会来得洒脱一些，我的读书笔记向来缺乏逻辑，在读完这本书后给了我很多启示，希望能在今后的读书笔记中有所改观。

朱老师是一位教授《艺术史》的学者，他在信中的形象和我一直想象的学习艺术类学科的人的形象有所偏差：浪漫、自由且与众不同，科学理性不足而创新有余——我脑海中的这一形象确实是对研习艺术的学者有所误解了，如这十九封信即展现了先生清晰严谨而理性的逻辑性。虽然和我最初认为的不一样，但细思之下，这确实是"搞艺术"的人应具备的模样，无论是达·芬奇作画还是米开朗琪罗塑像，都需要精密细致的观察与测量，或许这就是"工匠精神"的内涵。艺术绝不会让人死板，朱青生先生有谦虚严谨的态度和学而不止的精神，亦颇具有趣的行径和开明的思想，在《关于考试》一札中，他用糖果纸喻知识，"期末考试只配用大铁钉钉一下"展现了他有趣的一面和独特的思想。

先生在《关于思考阅读》一札中所言："艺术史是借助艺术的形象信息来研讨历史、文化、社会和人性。"出于兴趣，我搜索并观看了他的《艺术史》公开课，听完导论后，我觉得他是从艺术史的原教旨去理解艺术发展，其中涉及的很多背景被略过了，是透过艺术看历史的艺术史，是站在一个比较高的起点进行讨论的，现在的我还无法完全领会他想要表达的点，或许等我读完有关艺术史的基础入门读物再来看感触会更深。先生认为"思考阅读不是为了读取被读物，而是借助读书过程以形成、发展、砥砺、坚定自己的思想"，同理，听课亦是如此，如果无法做到事先预习阅读了解、提前有自己的疑惑、课上跟上老师的节奏，那大学也就失去了"根据理性本身的逻辑，自我生长，自我推展，自我检测，自我批判"的意义。

若是静心进行思考阅读，那么带有疑惑是必不可少的，在大学生涯，教师在"传道授业解惑"中更偏重于"解惑"，因此，学会提问是十分必要的。在《关于提问》中，先生让他的学生练习每天提出十个问题，并且是经过反思且不能在一般的工具书或教材中找到答案的问题才可得分。细细想来真是恐怖又惭愧至极，对比1997年到2000年左右的北大学生所问出的问题与先生的提问标准，我读书十几年竟不曾问出过一个像样的问题，是知识面太窄，亦是惰于思考，按照先生的标准，"勤思善问"我一样也没做到，真是太惭愧了。目前处于学习阶段的我在尝试提出符合先生要求的问题，遇到不懂的问题先自主寻找答案，找不到后再去向老师讨教求证，这能让自己得到更快的进步，更利于思维的培养。

先生引庄子"得鱼而忘筌"，认为"固持尚在鱼也，得了鱼水炖出一锅浓汤，尝尽鲜美，鱼亦须忘"，这是一个不胜新奇却有趣的比喻，我们享受的、真正传达交流的是那鲜美的味道，鱼本身有时也已是多余，因为它带来某种负担，更何况是作为"捕鱼工具"的期末考试呢？考试本身是一种考量的工具，如果教师一定要追求个"正态分布"，如果学生仅仅为了考试而期末突击背诵复习，那计入考试的课程不如改成只期末上两周，效率更高，皆大欢喜。"不要把考试成绩作为衡量学习成果的唯一标准，尤其不要让别人以考试成绩所做的评价左右你们对真理的追求。"然而，无论那时还是现在，这都是个难以解决的问题，国情使我们不得不通过考试选拔人才、考验学习成果。或许在科技日益发展的未来，我们能愉快地品味鱼汤之鲜美、糖果之甘甜，而不是吃后反复揉弄那糖果纸。

先生在《大学的意义和性质一文》中提到,"大学是一个科学的保证","大学要求它的学生——理性与科学系统的新的参与者做出许多'无用'的学习,这时,对你们的心智开始了人生的第一次测试"……这些"无用的学习"在当今大多数学生的眼中确实是无用的,但我觉得,这是一种大学的独特的提升方式,通过具体的学科来锻炼抽象的科学思维,从而培养我们的独立的思考能力及提出、查询、解决、完善问题的过程,并从中总结出一套合适于自己的专属方法,这才是先生所说的学习"无用的"课程的存在意义。同时,先生提到的读书卡片我有些没太读懂做法,针对目前我阅读量小、缺乏逻辑的问题,我打算先从整理现有知识储备、建立自己的分类标准层次开始,逐步建立属于自己的知识卡片库。

与学生之间的关系让我觉得新颖,或许这才该是师生之间本应有的联系。先生在《自我检讨》中谦虚地说:"我与同学们是同学。""有时会选自己学生的选修课来听,并且作业也是照做的,还会和学生一起上课互相帮忙占座"……这一些内容无不给书前的我们塑造出他日益丰满的形象——一位与学生互相鼓励、共同学习的良友,仍是在育人,但这师生的界限却忽地模糊,变得亲切而温暖了。

朱老先生在欢迎2000级新同学的演讲中说,大学生是一个研究的人,而不再是一个被动的知识接受者,在看完这本书后,我更能深刻地体会到他的语义与寄寓了。对比刚入学时,现在的我对读书方面的认真程度确实是有些懈怠了,我会以这本书为"标本",用以检视自身,望不枉度未来时光。

张紫竹

【作者小传】

张紫竹，电气工程与智能控制专业，一个很安静、认真的女孩子。"为中华之崛起而读书"是小学课本中给我印象最深的一句话，如今读完这本书，想想我这些年看过的、听过的关于南京大屠杀的资料，这句话又一次占据了我的脑海。我是一个安静、认真的女孩子，安静地做着自己的事，认真地读着自己的书，相信终有一天，我的愿望能够实现。

如 梦

——《金陵十三钗》读后感

    风花雪月、纸醉金迷的金陵是梦，美得叫人沉沦；一九三七年十二月那赤地千里、十室九空的南京亦如梦，痛得叫人再也不愿记起。

    秦淮妓女、中国士兵、女学生、教父，他们的命运本不会有任何交集，可那场战争，却将他们带到了一处：在温彻斯特教堂里，他们一同度过了最黑暗的日子，也各自奔向了不同的结局。

《金陵十三钗》，（美国）严歌苓著，中国工人出版社

    《金陵十三钗》以学生孟书娟的视角，用最平时的叙述，以教堂为一角，让读者窥得了那场战争残酷的全貌，也看到了人性的本质。神父心中那个彬彬有礼、斯文儒雅的民族却用最丑恶的嘴脸、最惨无人道的方式去迫害中国的百姓，去凌辱中国的女性，去践踏中华民族的尊严；神父心中那不纯洁的妓女，那不值得他保护的灵魂，却会为了一段真情而豁出自己的性命，却会在

最后关头挺身而出，用自己的生命换得了女学生们的存活，可知羊皮之下亦有虎狼心；可知"商女"亦知"亡国恨"，此恨无关风与月。

《金陵十三钗》虽是经过加工的艺术作品，可它所反映的历史却是无比真实的。每每想到南京大屠杀，想到一九三七年的十二月，我的脑海中都会浮现出四个字：人间炼狱。也不禁会想到：泱泱大国，怎会沦落到被如此弹丸小国欺负到如此境界的地步；作为首都的南京，怎么被如此轻易地攻破；上万的兵力，是如何连反抗的机会都没有，就被仅几千人的日本军队歼灭的；是怎样残暴、奸诈的一个民族，才会用屠杀、欺诈的方式去侵犯另一个民族……《金陵十三钗》用它特有的方式，揭开了伤疤，展露了真相，引发了深思。

"她从头到尾见证了他们被屠杀的过程。人的残忍真是没有极限，没有止境的。天下是没有公理的，否则，一群人怎么跑到别的国家如此撒野？把别的国家的人如此欺辱？"这段惨烈、耻辱的历史，是中华民族永世难忘的，是中华儿女世世代代都需要铭记的。铭记，不是为了复仇，而是为了正视历史，以史为鉴。当然，如今，不仅我们需要正视这段历史，更要让施暴者来正视这段历史。我们一直都知道，即使面对着如山的铁证，即使受到了世界各国的指责，日本部分政客也从未承认过他们的那段侵略史，甚至，他们还想借着时间的流逝去完全抹去这段历史、抹去他们的罪行。甚至他们在历史书中似乎根本没有提到过这段历史，或者如他们自己所说"为维护国家的利益参与了战争"而一笔带过。

现在，不少国人都喜欢去日本旅游，有些人甚至还会说："日本是世界上最文明的国家，中国完全比不上。"殊不知，因部分政客的影响而一个不敢承认自己过错，为掩饰自己的过错不惜去颠倒黑白、愚弄自己人民的国家，如何能称得上文明？还记得在书中，在英格曼神父的记忆中，"日本民族以守秩序著称，相信他们的军队很快就会结束战斗的混乱状态"。抱着这样观点的中立美国公民，因为这样一个疏忽和误导，差点让他以及所有的避难人全部命丧金陵。

相信大家一定知道那几个被现任外交部部长王毅痛斥为"中华民族的败类"的青年人。相信他们也一定觉得自己很无辜：不就是一个为了博人眼球的爱好吗？在我看来，他们无知，他们可笑，他们是当之无愧的"民族败类"。好了伤疤忘了疼是一般人的习性，何况我们还没有亲身经历过，也许还会有人讽刺："中国干嘛老抓着这一件事儿不放呢，未免也太小心眼了吧。"但请问，这件事儿，是一般意义上的可以原谅的事情吗？部分日本政客不承认历史，不向南京大屠杀的遇难者道歉，他们现在的做法，就是对中国的藐视，是对我们尊严的践踏。普通人被欺负了，暂且还要理论几句，甚至是打官司维权，更何况一个国家呢？放眼世界，如今的发达国家：英国、德国、美国……有哪一个没有自己的"国难日"的？就连最具侵略性、最蛮横霸道的美国，都尚且要铭记自己国家所受过的耻辱，我们中国人又何苦要自轻自贱呢？一个不能铭记伤痛的国家是没有未来的，因为它没有能让它向前的动力，没有最宝贵的民族凝聚力。难道我们还要眼睁睁地看着自己的祖国再一次沦陷、受辱吗？

我们有权为历史正名、有权要求日本还原历史的真相、有权也有必要要求日本为它所犯下的罪过道歉，这关系到整个中华民族的尊严，也是对那些受伤的灵魂的最好的安慰。如今，南京大屠杀纪念馆中那面存活墙上的灯盏越来越少，存活下来的可以指证日本侵略者罪行的慰安妇也一个个带着恨与遗憾离开这个世界。历史的证人越来越少，带着遗憾离开这个痛苦的世界的人越来越多，可我们的政府，却到如今也没能还他们一个公道、给他们一个交代，这难道不是一件令人心痛的事情吗？眼看着历史就要被肆意篡改了，眼看着小人就要得志了，而我们今后的路，只会因证人的减少而变得愈发的艰难。作为一名学生，作为一个中国人，我一直觉得"为中华之崛起而读书"这句话无论放在哪一个时代都管用，我也一直觉得，青年人，须得志向高远，须得德才兼备，最重要的，是须得有一颗赤忱的爱国、为国之心，而绝不当为美国破译北斗的清华女之流的人物。须知当代中国差点败在伪军、汉奸这一群"自己人"的手里。

  勿忘国耻，振兴中华！南京大屠杀似梦却非梦，它是最残酷的事实，更是需要每一名中国人铭记在心的历史！

覃柳静

【作者小传】

覃柳静,西南交通大学传播学专业大四学生,性格活泼乐观向上,平时热爱阅读,积极思考,乐于分享,朋友圈安利党一枚。由于对所学专业很感兴趣,较为关注日常新闻热点事件,但阅读范围不限于专业领域,包括社会学、历史学、心理学等方面的书籍。个人偏好互动式、提问式阅读方式,喜欢和朋友交流思考感悟和读书心得。前不久刚刚读完《如何阅读一本书》,对于如何提升阅读技巧和阅读效率有了深入的体会,也希望将这本书推荐给更多爱好阅读的朋友。

《数字化生存》读书笔记

互联网带来了天翻地覆的变化。睁眼看手机，泡在网上，低头刷屏，极度依赖 Wi-Fi，碎片化，下单，交友，导航，支付——所有这一切，已经像空气和水一样自然了。这可以说就是作者尼葛洛庞帝所言的"数字化生存"了。

尼葛洛庞帝不按常理出牌，他召集了一群各个领域的研究人员创办了一个名为"媒体实验室"的奇怪机构，专门研究在当时看来有些虚无缥缈的人机互动。他对电视的未来做出了高度预测，电视未来的发展方向，也就是数字化、数字化升级，从电视台做两微一端这个角度来看他的预测不无道理。这些电视模式取代传统模式成为电视发展主流趋势，然后平台化、多渠

《数字化生存》，尼葛洛庞帝著，胡泳等译，海南出版社

道。他说高清晰度电视就是个笑话，但央视前不久试行了 4K 电视。理解未来电视的关键，是不再把电视当电视看待，从比特的角度来思考电视才能给他带来最大收益。未来肯定是全息电视，还有

云存储也是一点,这个角度看数字化也是绝对趋势。

书上提到,当电视数字化以后,将会出现许多新的比特,告诉你关于其他比特的故事。首先,大多数电视节目,除了体育赛事和选举结果之外,都不需要实时播出,这一点对数字电视举足轻重,但是却是为大多数人所忽略。其次这意味着,我们在收看大多数电视节目时,就好像把资料下载到电脑中一样,收看的方式不受比特转换速度的影响。更重要的是,一旦比特已输入机器中,你不需要按照比特在传输时的顺序来观看节目,突然之间,电视变成了一种可以随时获取的媒体,不再局限于某一时间或日期,也不受传送耗时的限制。结合现实来看,这些预测都已成真。

有人说尼葛洛庞帝的"媒介不再是信息"有模仿麦克卢汉"媒介是讯息"嫌疑,但两者截然不同。"媒介不再是讯息"指的是一种未来状态,依照尼葛洛庞帝的观点,未来的信息传播者,将根本不知道所传播的比特最终将以何种面貌呈现,是影像、声音还是印刷品,决定权将完全操之于信息接收者手中,其实也就是我们现在说的受众由被动地接收向主动的用户的转变。现在所说的大众传媒正演变成个人化的双向交流,信息不再是被"推向"(push)消费者,相反,受众(或者它们的计算机)把所需要的信息"拉出来"(pull),并参与到创造信息的活动中去。这里的 push 和 pull 举个例子,比如我们登录 QQ、微信,就有腾讯新闻的弹出,这个就是 push,然后我们自主地去百度搜索、谷歌搜索,这个就是 pull,所以数据的表现形式正越来越多地由接收端而不是传输端来赋予,因此著作权保护的问题益发复杂。当这种"不具特定形式的数据"自由传播时,媒介不再是讯息,它们提供的是信息因子"比特流",所以媒介的范围和内涵也将发生根本变化,所以作者这里其实就有点在"推翻"麦克卢汉的媒介即讯息的意味在里面，然后作者也曾言："在数字世界里，媒介不再是信息，而是信息的化身。"

在对人机互动的研究中，作者的设想是：让电脑认识你，懂得你的需求，了解你的言辞、表情和肢体语言。当前的一些机器人已经初步达成了作者的设想。包括聊天机器人通过语音识别与人对话。未来的人机界面将根源于"授权"而不是直接控制。结合实际来思考一下这个问题的，准确地说，作者所设想的"机器人将变得更像人类"正在变成现实的过程之中。例如 siri、小冰。

另外作者还提及虚拟现实(VR)背后的构想，也就是通过让眼睛接收到在真实情景中才能接收到的信息，使人产生"身临其境"的感觉，更重要的一点是，你所看到的形象会随着你视点的变化即时改变，这就增强了现场的动感，这无疑与如今虚拟现实发展的理念完美契合。但也需要重视的是：VR 确实改变了新闻的一些观看体验和推送的方式，给人们带来了更加丰富的体验。但是由于技术的局限性和人才的不足，在应用方面显得仍有局限，随着 5G 技术的研发和推广，相信 VR 技术将走向成熟。

这里联系作者所说的感官构成的"整体大于部分之和"，我们倾向于把感官经验作为一个整体来加以判断，而不是根据各个部分的经验来加以判断，各种感官构成的整体的确大于部分之和。比如我们听音乐的时候如果配上画质很好的 MV，我们就会感觉这首歌会比平常纯靠画面想象更好一些，总体大于部分之和。以往的报纸、广播、电视，只是单一地触及受众的视觉或听觉，但诸如 VR 这样的技术的应用却充分调动了受众各感官功能，使其能更好地获得体验。这也解释了为什么 VR 短片颇受欢迎。因为它能同时调动受众的视觉、听觉、触觉参与到新闻当中,有利于全方位立体地"身临其境",带来一种360°的情景体验。

尼葛洛庞帝在著作《数字化生存》中开篇就曾预言,如今计算与技术不再只和计算机有关,它可以决定我们的生存。同样,作为数字技术的一种具体代表,移动媒体已经融入了我们的生活,扩展了我们的生活空间并进而改变我们的生存方式。学者杨伯溆认为,人属于社会性动物,而作为社会性动物势必会受到社会结构的制约。这些制约具体发生作用的场所就是社会空间。具体来讲,社会空间包括公共空间、私人空间与个人空间。公共空间指对社会所有人开放的空间,没有任何限制。私人空间即有所限制的空间,这种空间既可以为社会所有,也可以被一个群体,一个公司、机关所有。个人空间即个体在其中展示的是社会对自己的影响以及个人的品性、特质。以上是社会空间的理解。

作者在结语中讲了数字化生存的四大特征,即:分散权力、全球化、追求和谐和赋予权力。作者说道:"未来10年中,我们将会看到知识产权背滥用,隐私权也受到侵犯。"我们会亲身体验大数字化生存造成的文化破坏,以及软件盗版和数据窃取等现象。

关于隐私权,3月18日,美国纽约时报和英国观察者报联合曝光Facebook上超过5 000万用户信息数据被一家名为"剑桥分析"(Cambridge Analytica)的公司泄露。"剑桥分析"(Cambridge Analytica)的公司泄露用户信息,用于在2016年美国总统大选中针对目标受众推送广告,从而影响大选结果,此事在世界范围内引发了轩然大波。我们总是说要保护隐私,但是我们个人的隐私保护意识与采取的隐私保护措施之间却往往存在着悖论。比如我们使用APP时总是要同意条款才能使用,即同意条款让渡自己的部分隐私权,如淘宝"猜你喜欢"等个性化推荐,实名认证,人脸识别,地理位置获取,社交分享(比如朋友圈、微博的晒个照打个卡),等等。可以说,我们真的无时无刻在这样的悖论中生存,也就是说我们在社交网络上往往不愿意自定义隐私权设置,有一项研究显示,39%的人在移动设备上没有密码保护。

那么大数据时代保护隐私权的应对措施该怎样呢?大致可以归类为以下四类:一是依靠技术,二是行业自律,三是法律规制,四是用户。(1)强化数据控制者处理个人数据的义务(比如说要改变我们无形中签订的"霸王条约")。(2)赋予个人被遗忘权。(3)区分数据用途,实行分级分类保护。未来隐私保护法应区分数据用途,规定可以使用的个人数据,使用数据的方式方法,个人数据的应用范围,个人数据的标准化保护等具体问题。(4)加强隐私保护教育和个人自我节制。(5)完善权利救济机制。

读到最后,总结下尼葛洛庞帝对互联网的预测。他对互联网时代的预言包括但不限于:多媒体、开放系统、视频点播、超薄电子书、家用机器人、全球定位导航、虚拟现实、全息成像、可穿戴设备……他甚至对数字化生存的黑暗面也有所准备。版权侵犯、文化破坏、软件盗版、数字窃取、不正当监控及窃听等都被他一一列出,但他仍然认为,互联网的未来值得期待。

林静英

【作者小传】

　　林静英，女，中共党员，山东栖霞人，工学硕士，曾有三年兼职辅导员工作经历，现为电气工程学院专职辅导员。爱山水，爱美食，爱学生，偶尔也爱装作安静的女子读会儿书，总之就是很爱生活的每一天。曾获"西南交通大学优秀学生工作者""西南交通大学优秀学生共产党员"等荣誉称号。

愿生如夏花般绚烂

——读《活着》有感

余华说：人是为活着本身而活着的，而不是为了活着之外的任何事物所活着。这句话也被小说的主人公徐福贵诠释得淋漓尽致。

徐福贵出生在地主家庭，从小出门要么有人背着，要么就是坐轿子，典型的富裕人家少爷，像他的名字一样。即使家财万贯，也抵不住嗜赌成性的他肆意挥霍，终究输得一无所有。他不仅气死了自己的亲爹，其媳妇家珍也带着女儿凤霞离家出走。

富贵出生在一个腥风血雨的残酷年代。他的命运也随时被时代的变化所牵动。破产一年之后，媳妇家珍又带着新生的儿子有庆回来了。家珍的回归，让福贵重新体会到了家的温暖，他决定洗心革面，好好过日子；但在进城给母亲抓药时，突然被国民党拉去当了壮丁，糊里糊涂又被共产党带走。等

《活着》，余华著，作家出版社

他回来，母亲已经病逝，女儿凤霞因为生病而变得聋哑。然而命运依然在折磨他，儿子有庆因进城给县长太太献血，血被抽干而骤然离世，家珍受到了巨大打击，开始神志不清，家庭仅能靠聋哑的女儿家珍帮忙照顾、操持。

还好凤霞后来认识了忠厚老实的二喜，结婚后过了一段安稳的日子。但命运又一次跟他开了玩笑——凤霞在生孩子时大出血而死，活下来的孩子被取名为"苦根"。苦根生下来就命苦，跟着他爹二喜，但二喜在工作中意外惨死，他变得孤苦伶仃，之后就跟着福贵去乡下了。一次苦根生病，福贵很心疼，就特地多煮了些豆子给他吃，万万没想到，苦命的苦根却因为豆子吃得太多被撑死了！苦根的死在书中出现得毫无防备，也让人最为不解。

命运就是这样起起伏伏，福贵的家毁了，没了。他的生活被撕得粉碎。最后的最后，仅剩了一头老牛与他为伴。

读完《活着》，我的心久久不能平静。虽然我们比富贵命好，但我们该如何活着？我们应以怎样的勇气活下去？

有人说，生命，就只是一种存在而已。读完《活着》，我也慢慢理解了，一切的一切都可以失去。或许，当一个人失去所有能失去的之后，才会发现什么是别人无法夺走的！什么才是生命中弥足珍贵的！我不愿用复杂的思绪去思考复杂的社会，也不会去猜测复杂的人心。更多的时候，我只是想做一些自己热爱的事情，也让自己的内心得到一份平静。愿随着岁月的变化，我能够平静面对人情冷暖、悲欢离合，平静面对生活的残酷与无常。

活着，不需要任何理由。

活着，生如夏花般绚烂。

冯 越

【作者小传】

冯越,西南交通大学附属中学高二三班学生。热爱文学,喜欢读书,待人热情友善。平时活泼开朗,但却有一颗感性细腻的心。在老师的推荐下阅读了《瓦尔登湖》等书籍,领略了更多的人文情怀。在忙碌的高中生活中,是阅读给了我轻松惬意,而《瓦尔登湖》也是这般,令我对于静与心灵有了更多的认识。文学让我的生活更加充实,希望有更多的时间阅读,也呼吁大家一起阅读!

读《瓦尔登湖》有感

沉下心来,来到瓦尔登湖,在湖畔搭一座小木屋,种下豆子,用原始的方法制作面包。走在林中,聆听百鸟啼鸣,那山间不知名的花也在此刻属于你……而用木桨敲击船舷,会听到阵阵回声,就像是动物管理员惊醒了兽群而发出的原始的咆哮,震涤心灵……

这是梭罗笔下的瓦尔登湖——在从农业社会转型到工业社会的美国中留存着宁静与美好的地方。梭罗毕业于哈佛大学,在家乡一所学校担任教师,但在之后,他敬爱且与他情意深重的哥哥因肺痨去世,这令他非常悲伤,随后便写了怀念兄长的著作,但反响平平。来到瓦尔登湖后,他在那里居住了两年两个月。这两年里他与农民猎户深入交流,了解了当代农民的辛劳;他自己动手种豆,自己制作面包,体验收获带来的自尊;他独享寂寞,在孤独中与它做伴。这些经历都使梭罗的文字充满了美好,再加上他广博的动植

《瓦尔登湖》,(美国)梭罗著,王文国译,北京燕山出版社

物知识，使其描写更加形象具体。而他笔下的意蕴才是更令人深思的。

19世纪下半叶，美国工业进展迅速，随着对资源的需求，大量的森林被砍伐，大量的河流被污染，大量的建筑拔地而起，像瓦尔登湖这样的地方却愈发少了。结合中国的发展史，我们不难想到如此情景，高速发展的背后是越发疮痍的面貌。而梭罗，目睹这般场景，对环境的现况更加担忧。文中，梭罗描写的瓦尔登湖之景是这样的：苍鹰翱翔于我的耕地上空，野鸽子三三两两地从我的屋后的白松枝蹦上蹦下；鱼鹰插进波平如镜的瓦尔登湖，叼起黑鱼复返长空；水貂鬼鬼祟祟地走出沼泽……短句中不过几十字，生物却有很多，而梭罗从不忽略这些事，因着信仰超验主义，他认为自然是有灵性的。他爱护自然，爱护环境。而对今天的我们来说，这也是一种劝诫，莫为短期利益而毁美好家园。

除了环保，我所读到的《瓦尔登湖》更是让人心生宁静的。忙碌喧嚣的生活使我们逐渐沉入利益欲望中，而那湛蓝的泛着湖影的光，又几时能被人想起。这是一股淡淡的花香夹杂着清新的湖水气息向四周漫开，瓦尔登湖，美得寂静、幽深，是返璞归真，是朝圣者的圣地。我感到作者是想让每一个人心中都清澈，不使它被一星半尘所掩盖，失去原有的光彩。这是一种回归自然的生活态度，回到本真的、无忧无虑的生活。也许迫于现实，我们也无法做到，但请在迷失之前想象一下向往的美好，生活也会更加充实。就如梭罗所言："每一个早晨都是一个愉快的邀请，使得我的生活跟大自然自己同样的简单，也许我可以说，同样的纯洁无瑕。"

也许梭罗还另有深意。但仅凭我的感受还未能体会。而文字上所浮现的灵性却也给人启迪。"不要给我爱,无须给我钱,我也不要名誉,我需要的只有真理。"而"这个真理"可能是人心真正的归宿吧!我们应该自信地向梦想的方向行进,努力经营所期望的生活。从今以后,别再过你应该过的人生,去过你想过的人生吧!

曾向阳

【作者小传】

曾向阳，男，1982年生，湖南邵东人氏，现居广州，就职于中国铁路广州局集团公司运输部。19岁铁路中专毕业后便进入广铁集团从事一线生产工作，工作之余对真知的渴求仍然炽热，通过参加高等教育自学考试完成大专、本科学历教育，2008年有幸考入西南交通大学交通运输与物流学院交通运输规划与管理专业全日制硕士研究生。研究生毕业后，继续投身铁路生产与管理，在广铁集团广州站五年来从事过车间行车安全管理、职工教育、企业管理等工作；在集团办（党委办）调研科进行主要领导讲话稿、汇报、专报等文字材料的撰写又两年余；目前在局运输部从事车站行车安全管理和施工现场协调等工作。自幼好文，所学皆为工，工作之余，偶挥文笔，不求发表，直抒胸臆罢。

勇者无惧

——读海明威《老人与海》有感

《老人与海》，（美国）欧内斯特·海明威著，吴劳译，上海译文出版社

圣地哥亚，一位迟暮渔夫，著名作家海明威笔下小说《老人与海》里的那位老人。八十四天从未捕到鱼，拖着疲惫略显老态的身躯的他踩过沙滩往山坡处那铁棚屋走去，陪伴他的是一位约十岁的小男孩。屋子的墙上原本挂着他妻子生前的照片，时日一长，愈发孤独的老人更加地睹物思情，心底里涌上的悲怆使他不得不将妻子的遗照隐去。取而代之以《耶稣圣心图》《科伯圣母图》，或许这才是最好的心灵慰藉。而此时的小屋，除却床和撑在角落的船帆、钓竿等渔具，便是一贫如洗了。

上岸后那位跟着他的小男孩，不是他的孙子却胜似孙子，言语之宽慰与关切，这小孩倒成了老人心头的依靠。尽管他是别人家的孩子，有心想跟老人学习钓鱼的精湛技艺。可他的后辈呢？或许在遥远的地方，抑或从未来过这个世界。岁月的洪流带走了他的妻子，亦斑驳了他一脸的皱纹、消解了他的力气，可他仍在这激流中抗击，面对生活的勇气未从消退。尽管眼下的晚餐还是小男孩捎掇的，黑豆烧米饭、油煎香蕉和炖菜，还有露台饭馆老板慷慨赠予的啤酒，可说好的黄米饭和鱼呢？那不过是老人望梅止渴的说辞罢！八十四天未捕到鱼了，渔夫亦吃不到鱼。

棒球队的新闻无疑是打破这沉闷生活最好的谈资。老人再三提及的扬基队名将迪马乔，也是渔夫的儿子，过去也过着与老人一样穷苦的生活。小男孩却更喜欢名将西斯勒，一位球二代。他们争执的末尾，小男孩夸赞老人是最好的渔夫。老人似乎重新燃起了捕捉一条大鱼的熊熊决心之火，那晚上他梦见了少时穿梭于非洲港口沙滩上的狮子。而贫穷的他连捕鱼的网也无从谈及，所谓的捕鱼实则为钓鱼，他急欲钓到一条大鱼，证明他尚未年老力衰，也是生活窘迫之必须！

然而，生活永远是现在进行时！次日凌晨，老人早早地从睡梦中醒来，推醒小男孩，收拾渔具，喝了咖啡。九月清晨的海风清凉，海潮翻腾依旧，在小男孩的目送下，老人再次划动船桨驶离港口出海了。他本可不必叫醒小男孩，内心的惯性驱使他不得不这般，仿佛昔时每逢独自出海前，妻子都会相送道别一般。

等待老人的命运将会如何？老人期待唤醒梦中的狮子，一如过去年富力强时一般，曾八十来天未有捕获后连斩获满满。而黎明前黑暗笼罩的海面一平如镜，或许是好的预兆罢！不时从眼前掠过的黑燕鸥，老人心底又感觉到痛苦，这些飞翔觅食的鸟儿几乎总是一无所获，相比大海而言，鸟儿太脆弱了！而人呢？似乎与鸟儿存在共通的命运。

这将是一种怎样的命运？弱者抑或强者，苦难的人们在命运的航道下有何种不同的运行轨迹。显然，海明威不曾正面告知读者，作家欲言的种种，都集注隐喻在《老人与海》状物、状事、状人的叙述中。与那些用浮标做钓线浮子，出售鲨鱼肝挣到大把钱，将大海视为竞争对手甚至敌人的年轻人不同，老人认为大海有着贤良淑女一般的仁慈，馈赠给万物的万物是无穷尽的。即便大海的狂暴作乱，那也是其不得已而为之，大海也不能完全掌控自身！

借着天亮前海面上泛起的微光，老人顺着水流漂移，接连精准放出了四条渐次延长的钓线，船的移动必保持钓线的垂直。经验老到而固执的老头，虽然也相信运气，但是于钓鱼他更自信自己一丝不苟的做法，哪怕一无所获，也不能动摇其意志。他深信，机会是留给有准备的人的。果然，阳光映照下的上午，老人轻松地钓到了一条离群之鱼，一条约十磅重的长鳍金枪鱼。

好运似乎接踵而至。中午时分，屏息凝视般盯着钓线的老人，再次发觉绿色钓竿猛的下沉，他大气也不敢喘一下，甚至用左手将钓线解下拽在手上不让鱼有拉紧的感觉。鱼饵料很香，在老人试拉与鱼的挣扎间，老人欣喜地感到，一条大鱼即将上钩。他相信，大鱼已经上钩，不过是在水的深处转身，尽管此刻的钓线已毫无动静。老人却未曾想到，这条上钩的大鱼，绝非海中等闲的一般鱼类，其重量加力道已远远超过了老人的衰老之力，甚至年轻时的他，考验老人经验与身体的时刻真正来临。

这确是一段人鱼较量的冒险旅程，大鱼拖着小船及小船上的老人一路往西北方向漂去。船上的老人如同纤夫般用背抵住钓线，绷紧的钓线时刻告诉他不能松懈，否则，必将船翻人落。尽管抵住的钓线勒得肌肉钻心地疼，老人毅然地顶住了疼痛迅速加接备用线，以缓冲大鱼用力过猛，且用麻袋垫在钓线下面缓解了疼痛，人也几番调换姿势，乏力之感不时涌上心头。老人有点后悔起独自出海来，"要是那孩子在就好了！"他好几次大声地说。空旷无垠的大海里老人的声音连蚊子的嗡鸣都不如。

已是两天一夜未眠，面对强劲的大鱼，老人挣扎在几近垂死的边缘。其挣扎如同鱼被钩住的挣扎一般，与其说老人钓住了鱼，不如说为鱼亦钓住了老人。孤独无助的老人无数次的冥想，忆起在卡萨布兰卡一家小酒店与大块头黑人扳手劲的往事来，他们拗了一天一夜，以老人的完胜而告终，那时他还年轻，有一身使不完的劲。

此前，他目睹了浮出水面的大鱼，比以往听说过的鱼都要大。老人庆幸，大鱼并未拿出鱼死网破的决心，鱼毕竟是鱼，虽然是条有着庞大身躯的鱼。眼下逐渐虚弱的老人仍然坚信，他比大鱼的优势明显。"一个男子汉有多大能耐，就有多大耐力。"早上，他生吃了那条长鳍金枪鱼，热量的驱动下力量又增添了几分。下午，又钓到了一条鲯鳅，至少在食物的补充上，老人略胜了一筹。

天又暗下来了，月亮从海平面升了上来。此时的老人已疲惫不堪，经验再次发挥了作用，做了一些必要的防备后，睡意势不可挡地袭来，再次梦见了那沙滩上的狮子，一只勇武有力的狮子。此时的大鱼亦在酝酿最后的垂死挣扎，以至于惊醒了睡梦中的老人，大鱼终于怒不可遏地跳出水面，显然再也沉不住气了。老人拉着的钓线几近要断掉，人也被拉倒而紧靠船头不得动弹，快速放出的钓线割伤了他的手。鱼又潜入水中，老人感到，它终于倦了，抓住它的时机不远了。

当太阳第三次升起，大鱼开始打旋了，老人眼前亦感到一阵阵地发黑，可鱼仍在水中。"我可不能自暴自弃，就这么死在一条鱼面前。"又近晌午，一番垂死较量之后，两眼昏发的老人终于逮住了大鱼，将其绑在船头。船拉着鱼往回走，如同小船绑着条大得多的大船。海风拂过老人斑驳的脸庞，他大松了口气，八十四天的一无所获，却迎来了满载而归。极度疲惫、伤痕累累的老人感觉如大梦一场般，上帝终归更加偏袒他。

故事似乎是一个圆满的结局，但是就如同老人认为的那般，大海自身亦不能掌控其反复无常，更何况大海中小船上漂移的人呢？命运的劫难仍然潜伏在大海的深处，大海再而三地考验着意志坚强而可怜的老人。

鲨鱼循着大鱼散漫的血迹追踪而至，一条、两条、三条，及至蜂拥而至。老人与大鱼的较量是智慧与体力的拉锯战，与鲨鱼的较量便是血腥的搏击战。老人用尽了船上的所有可搏击的器具，一条、两条、三条，来吧，人不是为失败而生的！

"一个人可以被毁灭，却不可能被打败！"

老人用生死捕获了活着的大鱼，却还得用生死捍卫死去的大鱼。他有办法捕住大鱼，却终抵不住蜂拥而至的鲨鱼，眼看着大鱼被凶残的大鲨叼走殆尽，留下一副完整的鱼骨架。就如同他有办法赢得掰手腕的胜利，却抵不住岁月洪流的冲击，他终将老去，在孤独中老去。

老人再次上岸，依然两手空空拖着疲惫略显老态的身躯，踩过沙滩往山坡处那铁棚屋走去。终点又回到了起点，明天的太阳照常升起。老人仍然一无所有，在老人眼里如同女人般仁慈的大海依然没有馈赠予他。但他赢了，他唤醒了自己心中的狮子，战胜的是自己，更是不屈的命运。尽管无人知晓他在大海里的殊死搏斗，亦无须别人来知晓，沙滩上傲然屹立的大鱼骨架，俨然成了人们争相口传的惊愕。

"真正的勇士敢于直面惨淡人生！"

附录

西南交通大学经典阅读推荐书目
（2016）

1. 《易经》
2. 《奥德赛》，（古希腊）荷马
3. 《诗经》
4. 《老子》，老子
5. 《孙子兵法》，孙武
6. 《论语》，孔子弟子及其再传弟子编撰
7. 《理想国》，（古希腊）柏拉图
8. 《伊索寓言》，（古希腊）伊索
9. 《左传》，左丘明
10. 《史记》，司马迁
11. 《三国志》，陈寿
12. 《世说新语》，刘义庆
13. 《梦溪笔谈》，沈括
14. 《哈姆雷特》，（英）莎士比亚
15. 《谈谈方法》，（法）笛卡尔
16. 《思想录》，（法）帕斯卡尔
17. 《自然哲学的数学原理》，（英）牛顿
18. 《古文观止》，吴楚材、吴调侯编
19. 《人性论》，（英）大卫·休谟
20. 《论法的精神》，（法）孟德斯鸠
21. 《儒林外史》，吴敬梓

22.《爱弥儿》,(法)卢梭

23.《论优美感与崇高感》,(德)康德

24.《国富论》,(英)亚当·斯密

25.《红楼梦》,曹雪芹、高鹗

26.《作为意志和表象的世界》,(德)叔本华

27.《战争论》,(德)卡尔·冯·克劳塞维茨

28.《历史哲学》,(德)黑格尔

29.《共产党宣言》,(德)卡尔·马克思、弗里德里希·恩格斯

30.《瓦尔登湖》,(美)梭罗

31.《旧制度与大革命》,(法)亚历西斯·德·托克维尔

32.《物种起源》,(英)达尔文

33.《论自由》,(英)约翰·密尔

34.《自然辩证法》,(德)弗里得里希·恩格斯

35.《查拉斯图拉如是说》,(德)尼采

36.《复活》,(俄)列夫·托尔斯泰

37.《科学与方法》,(法)昂利·彭加勒

38.《人间词话》,王国维

39.《罗丹艺术论》,(法)罗丹口述,(法)葛赛尔

40.《约翰·克利斯朵夫》,(法)罗曼·罗兰

41.《民主主义与教育》,(美)约翰·杜威

42.《飞鸟集》,(印度)泰戈尔

43.《精神分析引论》,(奥)弗洛伊德

44.《新教伦理与资本主义精神》,(德)马克斯·韦伯

45.《中国近三百年学术史》,梁启超

46.《存在与时间》,(德)马丁·海德格尔

47.《科学史》,(英)丹皮尔

48.《美丽新世界》,(英)阿道司·赫胥黎

49.《梵高传》,(美)欧文·斯通

50.《国史大纲》,钱穆

51.《小王子》,(法)安东尼·德·圣埃克苏佩里

52.《存在与虚无》,(法)萨特

53.《人论》,(德)恩斯特·卡希尔

54.《生命是什么》,(奥)埃尔温·薛定谔

55.《博弈论与经济行为》,(美)冯·诺依曼、摩根斯特恩

56.《西方哲学史》,(英)罗素

57.《历史的观念》,(英)R. G. 柯林武德

58.《围城》,钱钟书

59.《从一到无穷大》,(俄)G. 伽莫夫

60.《乡土中国》,费孝通

61.《中国哲学简史》,冯友兰

62.《雪国》,(日)川端康成

63.《中国文化要义》,梁漱溟

64.《第二性》,(法)西蒙娜·德·波伏娃

65.《科学研究的艺术》,(英)贝弗里奇

66.《鲁迅选集》,鲁迅

67.《新物理学的诞生》,(美)I. 伯纳德·科恩

68.《西方音乐史》,(美)唐纳德·杰·格劳特、克劳德·帕利斯卡

69.《杀死一只知更鸟》,(美)哈珀·李

70.《寂静的春天》,(美)蕾切尔·卡逊

71.《公共领域的结构转型》,(德)尤尔根·哈贝马斯

72.《理解媒介:论人的延伸》,(加)赫伯特·马歇尔·麦克卢汉

73.《百年孤独》,(哥伦比亚)加西亚·马尔克斯

74.《全球通史》,(美)L. S. 斯塔夫里阿诺斯

75.《什么是教育》,(德)卡尔·雅斯贝尔斯

76.《宇宙最初三分钟》,(美)史蒂文·温伯格

77.《文化与价值》,(奥)维特根斯坦

78.《东方学》,(美)爱德华 W. 萨义德

79.《美的历程》,李泽厚

80.《生命中不能承受之轻》,(捷)米兰·昆德拉

81.《艺术的故事》,(英)恩斯特·贡布里希

82.《时间简史》,(英)史蒂芬·霍金

83.《平凡的世界》,路遥

84.《天才引导的历程:数学中的伟大定理》,(美)威廉·邓纳姆

85.《文化帝国主义》,(英)约翰·汤林森

86.《西方科学的起源:公元前六百年至公元一千四百五十年宗教、哲学和社会建制大背景下的欧洲科学传统》,(美)戴维·林德柏格

87.《中国思想史》,葛兆光

88.《文明的冲突与世界秩序的重建》,(美)塞缪尔·亨廷顿

89.《经济学原理》,(美)尼可拉斯·格里高利·曼昆

90.《DNA:生命的秘密》,(美)詹姆斯·沃森、安德鲁·贝瑞

91.《人格心理学》,(美)J. M. 柏格

92.《社会动物》,(美)布鲁克斯

93.《大数据时代》,(英)维克托·迈尔·舍恩伯格、肯尼思·库克耶

94.《创客:新工业革命》,(美)克里斯·安德森

95.《断点:互联网进化启示录》,(美)杰夫·斯蒂贝尔

96.《习近平谈治国理政》,习近平

阅读方法和技巧指导图书:

《如何阅读一本书》,(美)莫提默·J.艾德勒、查尔斯·范多伦

经典悦读（第一辑）目录

- 001　经典悦读　　　　　　　　　　　　　徐　飞
- 001　向仲敏：经典的力量
- 007　张雪永："如其所是看世界，然后爱它"：读《乡土中国》
- 014　桂富强：读大家之经典想自家之大事
- 022　高　凡：唤醒历史的世界
- 029　徐旭阳：长大之后的伊索寓言
- 034　马　跃：知己相感，妙悟人生
  　　　　——我的一点《红楼梦》阅读体验
- 040　苏　晗：半个世纪之间？
  　　　　——读《寂静的春天》
- 047　李诗月：生如夏花？
  　　　　——读《飞鸟集》
- 052　刘笑麟：窥天及人谓之奇
- 060　阎开印：研教自由　教学平等　激发交流　唤醒灵魂？
  　　　　——《什么是教育》中大学理念的本质浅析
- 066　张兴博：梦见弗洛伊德
  　　　　——读《精神分析引论》
- 071　许金砖：互联网汹涌与数字化生存
  　　　　——读《理解媒介：论人的延伸》
- 079　郭立昌：追寻人生的意义
  　　　　——《生命中不能承受之轻》读后感
- 085　余　冉：那一草一木、一静一动都是美的
  　　　　——读《梵·高传》
- 091　勾红叶：读《中国哲学简史》有感

097 郭　剑：重新点燃心中那一团不灭的火
　　——读《约翰·克利斯朵夫》

103 张秀峰：《国富论》读后感
　　——"看不见的手"的神奇作用

110 黄雪娇：游走于科学世界边缘的思考
　　——读《世界著名科学家演说精粹》

117 廖　军：少者永怀？
　　——再读《论语》

123 贾兆帅：道不远人
　　——《道德经》中漫游有感

129 胡　豪：所以，我喜欢暗夜和孤独
　　——读《百年孤独》

135 聂　莉：诗酒趁年华
　　——读《诗经》

143 阳恩慧：读经典书籍？
　　——读《人格心理学》

148 许斯婕：以诗余话朝露
　　——读《人间词话》

154 卢　云：扬我交大　勇于创新
　　——读《大数据时代》

160 汪　铮：重读《共产党宣言》

167 郝　莉：穿越世纪的尘埃，回望智者的光芒
　　——读笛卡尔《谈谈方法》

176 李敬安：双螺旋的启迪
　　——读《DNA：生命的秘密》

182 庞烈鑫：从《如何阅读一本书》开始悦读

188 王　玘：天国的宝礼
　　——随《神曲》畅游三界小记

195 马　跃：《从一到无穷大》读后感
202 徐　玲：《小王子》读后感
208 薛长虹：回味智者历程　寻求生活真谛
216 郭　权：《美的历程》
　　　　——一段清新俊逸的风神旅程
222 梁靖坤：于吾心中而感的史诗
　　　　——《奥德赛》读书笔记
229 赵彦灵：再读《中国文化要义》
238 陈少轩：疏光斜影，清泉涌动
　　　　——读《儒林外史》
244 甘　灵：为信义而战
　　　　——有感于《资治通鉴·周记》
250 岳　勇：奔流中呐喊
256 李　潇：思虑神州策，俯仰天下计，谋攻制高点
　　　　——读《孙子兵法》
262 刘长军：人是一根有思想的芦苇
　　　　——读帕斯卡尔《思想录》的体会
268 钟　麒：给女性迎风奔跑的自由
　　　　——读《第二性》
274 陈维荣：《自然哲学的数学原理》读后感
280 附　录

经典悦读(第二辑)目录

- 001　经典悦读　　　　　　　　　　徐　飞
- 001　何开四：读书六要
- 033　王永杰：阅读的三点引申
  ——寻章摘句乱翻书
- 040　刘　云：读书漫谈
- 046　李　丽：当我们面对生活
- 052　马　莹：用杜威的"对立见解"浅谈如今的大学教育
  ——读《民主主义与教育》有感
- 060　孔祥彬：有情有觉地存在
  ——我读张晓风
- 068　洪闫华：《黄帝内经》漫记
- 075　方　纲：一个中国村庄的经典叙述
  ——读黄树民《林村的故事：一九四九年后的中国农村变革》
- 081　罗爱华：点燃起信仰的明灯
  ——有感于泰戈尔的《飞鸟集》
- 087　朱剑松：让读书成为一种习惯
  ——读《毛泽东的读书生活》
- 093　柏　桦：日日新
  ——我的唐诗生活与阅读
- 103　张士臣：感悟责任，超越责任
  ——读《责任胜于能力》的启示
- 109　高　力：影像中的生态
  ——从雷切尔·卡森《寂静的春天》所想到的

119 蒋罗林：读书札记
　　——读钱穆先生《中国历代政治得失》有感

124 蒲建锦：《百年孤独》的三次阅读

130 韩旭东：大学的危机
　　——读《什么是教育》有感

136 廖文婷：持一种仰望的姿态
　　——《诗经》读后感

143 王俊棋：体会休闲的美学意味
　　——读《你生命中的休闲》

151 汪启明：经典·国本·重器
　　——序四川省《中华经典诵读指导大纲》

157 李　昊：高飞，为了爱与慈悲
　　——读《海鸥乔纳森》有感

163 冷向宇：读化学发展史有感

169 甘　泉：可怜书剑皆负我　自古多情最伤心
　　——《书剑恩仇录》漫读

180 郭　栋：索龠
　　——《学龠》之我读

189 张晓春：引导学生学会阅读、观察与思考
　　——读《给教师的100条建议》有感

195 刘　堃：希望的救赎
　　——读《丽塔·海华丝及肖申克监狱的救赎》有感

202 高　睿：浅谈"人间词话"

208 刘广宇：不可或缺的人类学常识

216 李博洋：《老人与海》读书心得

223 易　刚：《共产党宣言》的经典地位和当代价值
　　——重读《共产党宣言》

230　庞　鑫：读《古文观止》有感
236　邵丽丽：《易经》读后感
243　冷强军：锁上人生灵魂的躯壳
　　　——读路遥《人生》有感
249　余夏云：阅读：与孤独相遇
　　　——读哈罗德·布鲁姆的《西方正典——伟大作家和
　　　不朽作品》
259　傅　芸：哲学思维与工作方法
　　　——读笛卡尔的《谈谈方法》
264　郝辽钢：再读冯友兰的《中国哲学简史》有感
270　范运超：浅读《资治通鉴》，漫谈人之脊梁、精神
280　附　录

经典悦读（第三辑）目录

- 001 经典悦读 徐 飞
- 001 刘占祥：经典阅读的三重境界
- 014 潘昱：回归经典重拾思考
- 021 葛新：读书三味
    ——"经典悦读"读书笔记
- 026 高凡：让悦读成为一种生活方式
- 032 凌乙元：浪漫与现实，我从红楼里读到的生活
- 039 刘丽妮：你把自己交给远方
- 045 沈彬彬：从《论语》中孔颜对话及孔颜互评谈今日之望子成人
- 054 王祎帆：没有了痛苦，就会幸福？
- 061 张婉筠：《许三观卖血记》读后感
- 066 马文：岁月的笙箫，别离的诗意
    ——遇见《志摩的诗》
- 072 熊淼：《飘》，旧时代的消逝
- 079 赵天意：路遥《平凡的世界》赏析
- 085 张铎：慢慢走，欣赏啊！
    ——品读朱光潜先生《谈美》有感
- 099 贺平：群星灿烂
    ——世界各文明大融合的美好前景
- 106 何诣寒：沿着时光之河溯流而上
    ——读北岛《城门开》

113 高江波：仪式的意义
　　——读《法律与宗教》随感

119 盛鹏：借鉴孙武的哲学思想，提高后勤保障水平
　　——读《孙子兵法》有感

124 常婧：心灵的朝圣
　　——读《一个人的朝圣》

129 高庆：追求卓越成功之路
　　——《激发心灵的潜力》读后感

141 陈勇：《古文观止》中的幸福密码

148 李卓慧：粗读《淮南子》

153 苏小桦：历史可以且应当这样写
　　——《苦难辉煌》读后感

159 卢世炬：看《战争与革命中的西南联大》

165 闵光辉：一种自律论的音乐美学观
　　——读汉斯立克《论音乐的美》

173 李岗：读《书目答问》

181 曹野：读《大数据时代》有感
　　——未来大学发展趋势之我见

188 杨文：漫谈现代战争理论下政治与战争的相互作用
　　——浅读《战争论》有感

195 邱槿怡：关于爱与救赎的故事
　　——我所理解的《复活》

201 周华：《论自由》读书笔记

208 林双：《全球通史》读后感

214　龚湟杰：换一种方式看世界
　　　　——《经济学原理》读后感

220　王治田：读《国史大纲》有感

227　文德智：徜徉科学，叹稀世通才
　　　　——读《梦溪笔谈》我之学术观

233　董波：星空？道德律！
　　　　——读康德的《实践理性批判》

238　杨浩：《人格心理学》读后感

243　李建恒：读《人生》有感

248　郑嘉诚：为生活，做减法；为思想，做加法
　　　　——《瓦尔登湖》读书心得

256　熊茜：法治思想的启明星
　　　　——读亚里士多德《政治学》有感

265　张红：《论美国的民主》读后感

271　金雁：思想的"痒处"
　　　　——读《西方哲学史》

279　附录

经典悦读（第四辑）目录

- 001　经典悦读　　　　　　　　　　　　　徐　飞
- 001　徐　雁：从"开卷观书"到"启屏索知"
    ——数字化时代行之有效的若干阅读方法论（前言）
- 038　李　里：孔子对中华民族的贡献
- 053　王嘉陵：带上小王子
- 057　陈天利：繁华正茂处　孤独成殇时
    ——读《百年孤独》有感
- 065　阳　晓：恐龙选择灭绝
    ——简谈蕾切尔·卡逊的《寂静的春天》
- 073　娄　超：谈谈我认识的笛卡尔
    ——笛卡尔《谈谈方法》读后感
- 080　宋　新：重读《生命中不能承受之轻》
    ——米兰·昆德拉的"存在"
- 088　高　力：荡漾在红高粱之上的酒神
    ——记一次对尼采《悲剧的诞生》的阅读体验
- 094　李孟圆：梭罗与他的瓦尔登湖
- 102　刘倩倩：新媒介时代，仰赖与警醒并行
    ——读《理解媒介——论人的延伸》有感
- 107　刘文佳：《从一到无穷大》读后感
- 112　赵周鉴：在荒岛上迎接黎明
    ——《月亮和六便士》读后感
- 118　徐红灿：浅谈中国哲学二元对立与一元统一的特性
    ——读《中国哲学简史》有感

124 张　樱：书里书外的克劳塞维茨
　　——读《战争论》有感
131 沈彬彬：以《左传》中的士大夫形象为镜正国人衣冠
138 解宇嫣：大概你也会怀念
　　——读《乡土中国》有感
146 韩红宇：《红楼梦》，一部关于"四季"的传奇
151 吴　件：追寻老子的"无为而治"
　　——读《道德经》
157 龚银秀：远　山
　　——读川端康成的《雪国》
162 周　璇："交叉地带"的哲学价值偏爱与现代性焦虑
　　——读《平凡的世界》有感
168 许恒文：歌不尽的阳春白雪
　　——赏《诗经》有感
175 陈蓦然：隔山相望
　　——读《剑桥科学史》有感
183 杨　阳：《旧制度与大革命》读后感
189 陈天娇：讲科学的人
　　——读《DNA：生命的秘密》有感
194 王　也：浅谈《西方音乐史》
198 叶梦云：美与丑是我所喜欢的全部的你
206 赵晓芹：诗和远方
　　——读《月亮和六便士》
212 李瑞轩：寂静背后的喧嚣
　　——《寂静的春天》读后感
218 贾银钧：通向天国的情书

224　周　瞳：辛德勒的 Power：奏响灵魂的圣歌
　　　　——观《辛德勒的名单》所想
231　李　娟、谭乐之：读宫崎骏：人对时代的反叛与妥协
242　唐健清：恐惧的暗示
247　李　丽：人生若只如初见
　　　　——读顾城的诗
254　徐禾颖：最好的年岁
　　　　——读《小王子》有感
260　张曼迪：《浮生物语》记
266　附　录

经典悦读（第五辑）目录

- 001　经典悦读　　　　　　　　　　　　徐　飞
- 001　蔡昭晨：《诗经》读后感
- 006　陈泽健：淡然如莲，雅韵自存
    ——读《莲花》后感
- 011　段金典：家与孤独
- 015　范昕钰：天涯何处不吾乡
    ——读《偶尔远行》后感
- 019　胡楷文：一路风尘一路别
- 023　焦钰钧：漫漫迷途，终有归途
    ——读《不能承受的生命之轻》后感
- 027　李　君：像诗一般的家
    ——读泰戈尔《飞鸟集》有感
- 031　李　玮：流火的镜
- 041　李汶峻：爱与战与家
    ——读《飘》有感
- 046　暴怡可：阅　读
    ——灵魂的建筑师
- 051　梁丹琦：记忆中家的味道
- 055　凌航晨：思想上的巨人
    ——读《哈姆雷特》有感
- 062　刘瀚阳：反与忘
    ——读《呼啸山庄》后感
- 067　刘嘉睿：千载风骨一纸承

——读《世说新语》有感

074　罗婧雯：不要温和地走进那个良夜
　　——读《人间失格》有感

078　聂夏北：读《瓦尔登湖》有感
083　邱德熠：《红楼梦》中的家庭伦理观
088　唐丰怡：读《道德经》感悟
093　王晨玉：《乡土中国》阅读心得体会
098　王涵瑞：读《人性的弱点》后感
102　王凌宇：谈　家
　　——读《小王子》有感

107　文彦鑫：他们的故事
　　——读《平凡的世界》

112　吴长伟：读《复活》后感
116　吴菲宇：《夜色温柔》
　　——关于爱情、财富和那荒诞不经的美国梦

122　吴锦领：如果家是一座城
128　肖亚林：经典阅读与我的"家"
133　谢雨辰：传仁千古，齐家犹闻
　　——读《论语》之所感及于家之所想

138　杨　峰：我的乡土回忆录
　　——读《乡土中国》有感

148　杨睿默：平凡世界中的责任与爱
　　——《平凡的世界》中所看到的亲情

155　张　鑫：《家》读后感
160　张志博：社会动物与家庭
　　——读戴维·布鲁克斯《社会动物》有感

167　支峻楠：孤独的时候还有家
　　　　——《百年孤独》读后感
172　钟　珅：我爱家
　　　　——读《小王子》后感
179　周雅莹：我的心中有一座小城
185　周梓城：家的守候
208　附　录

经典悦读（第六辑）目录

001	经典悦读	徐　飞
001	曹瑞冬：白鹿的生命	
006	陈馨婕：思寻幸福，那夜那梦那银河	
	——读《银河铁道之夜》有感	
013	贺琳茜：我们的《小王子》	
019	黄艾麒：览今古万沧	
024	黄诗婷：柔情似水	
	——读"人生三书"有感	
031	霍永鹏：清虚紫砂壶	
	——读《道德经》有感	
037	姜洪艳：《瓦尔登湖》的启示	
043	姜朋朋：唯有精神永恒	
	——读《苏菲的世界》有感	
048	蒋　缘：南京之殇：难以忘却的纪念	
054	刘　典：等级的思考	
	——读《格调》有感	
060	刘永起：新时代，新机遇	
	——读《创客：新工业革命》	
065	秦　莹：问君西游何时还	
071	秦雨荷：草木若有心	
	——读《人间草木》有感	
078	商晓颖：望穿词三百	
084	唐柳月：读《乖，摸摸头》有感	
091	唐诗婧：爱的影子，梦的幻影	

　　　　——读《偷影子的人》有感

098　童　瑶：有一种爱情，像霍乱
　　　　——有感于《霍乱时期的爱情》

104　王媛媛：阅读如一泓清水

108　夏汉林：谁在风花雪月的年岁里孤独前行

114　熊晓映：品读时代精品，致敬永恒经典

120　余　苗：日出是眼泪的终结
　　　　——读《世界上所有的夜晚》有感

127　张　聪：没有共产党就没有新中国
　　　　——读《苦难辉煌》

137　赵　璐：镜面破碎
　　　　——读马尔克斯《百年孤独》有感

143　郑　闯：苦难的印记，辉煌的感动
　　　　——读《苦难辉煌》

149　郑勋臣：读《平凡的世界》

155　崔明洁：自然如家，四季轮回

160　单　洁：细品红楼

164　廖　雄：洗尽喧嚣，赫然见家

169　彭丽圆：回不去的孩子气
　　　　——读《小王子》有感

173　阚蕾宇：桃之夭夭，灼灼其华
　　　　——读《诗经》有感

177　王熙茹：那一首来自魏晋的命运交响曲
　　　　——读《世说新语》有感

183　鄢　婷：星夜笑声

188　尹天爱：诗·家

193 申钰洁：圣洁的旅行·玉始玉终
——读《穆斯林的葬礼》有感
198 隗世民：一个老头的宇宙
——《爱因斯坦文集》读后感
208 附　录

经典悦读（第七辑）目录

- 001　经典悦读　　　　　　　　　　　　　　　徐　飞
- 001　熊　昊：多样性文明的世界与普世文明 2
  ——读《全球通史》
- 009　吕　黎：不忘初心，砥砺前行
  ——读《旧制度与大革命》
- 014　张志博：社会动物与家庭
  ——读《社会动物》有感
- 021　李睿哲：《我在故宫修文物》读后感
- 028　齐钰馨：《雪国》读书笔记
- 034　王子睿：读《热爱生命》小说集有感
- 040　张　赫：赏月不如赏月
  ——读《京都山居生活》有感
- 046　张　婷：生命的答案
  ——读《看不见的森林》有感
- 053　胡剑鹏：旅行的艺术
  ——读《旅行的艺术》有感
- 060　鲁文静：一草一木恬静里的热烈
  ——读《一草一木》
- 066　王　坤：《一个人的朝圣》读后感
- 072　邹林志：读《论语》有感
- 078　曹林峰：读《中国哲学简史》，谈儒家文化
- 085　尹天爱：王道之王，霸道之霸
  ——读《孟子》

091　付洁懿：窥见的世界
　　　　——读《看见》有感

097　王心怡：任是无情也动人
　　　　——读《红楼梦》有感

103　邬　亮：价值，流浪与爱情
　　　　——读《稻草人手记》有感

109　李雅劼　李雅宁："围"之源
　　　　——读《围城》有感

114　张润旋：爱的艺术
　　　　——读《亲爱的安德烈》有感

121　高　嵩：永恒的荒诞　永恒的孤独
　　　　——读《百年孤独》

127　王子墨：读《教父》有感

132　韩寅鹏：《娱乐至死》阅读报告

138　李若月：是孤独不是爱情
　　　　——读《霍乱时期的爱情》有感

144　韩子瑞：读《明朝那些事儿》的所思所得

152　袁文林：《浮生六记》读后感

158　安　然：在那湖畔：
　　　　——梭罗与他的《瓦尔登湖》

163　何　宇：一生，围城，无法逃离
　　　　——读《围城》有感

168　罗　宁：中国与资本主义
　　　　——读《儒教与道教》

177　刘媛媛：红袖伏案处，赌书消得泼墨香
　　　　——读《诗经》有感

182　唐　琪：小星运中的他
　　　——读《小王子》有感

187　张议文：娇柔小诗里的星辰大海
　　　——读《人间词话》有感

191　邱涌嘉：关于自然生态的抒情诗
　　　——读《沙乡年鉴》有感

195　附录

经典悦读（第八辑）目录

001　经典悦读　　　　　　　　　　　　　　徐　飞

001　孙正晨：最好的徒劳
　　　——读《雪国》

006　马芷荃：我读《斯通纳》

010　罗　艺：人生不如一行波德莱尔
　　　——读《芥川龙之介短篇作品选》有感

016　贾姣妹：《活着》读后感

022　王迎迎：教育的智慧
　　　——读《始于家庭：关怀与社会政策》

030　熊　昊：结构的美感与演绎性理论的缺陷
　　　——读《大国政治的悲剧》有感

037　梁　栋：谁的应许之地
　　　——读《我的应许之地》

042　黄芳冉：感官极乐园·思想牢笼
　　　——读《美丽新世界》

047　黄　鹭：围炉煮茶且对酒当歌
　　　——读《沿着塞纳河到翡冷翠》

052　邓开来：《国富论》读后感

057　林静英：以美好的心灵和独立的人格生活
　　　——读《简·爱》

062　左天梦：沉思对沉思
　　　——读《沉思录》（马克·奥勒留）有感

067　王子墨：古韵清悠，皓月长歌

　　　　　——读《孙子兵法》有感
072　焦　悦：读《伊索寓言》有感
076　吴　潇：自古情深，一如既往
　　　　　——读《诗经》有感
081　郑青文：毕业生
　　　　　——读《百年孤独》有感
094　刘美华：似有故人来
　　　　　——读《穆斯林的葬礼》有感
099　程山芳：The Great Gatsby
　　　　　——读《了不起的盖茨比》有感
103　莫晓惠：奈何我是真虞姬
　　　　　——读《霸王别姬》有感
107　漆　薇：简化的生活，不是简化的人生
　　　　　——读《局外人》有感
112　钮晓云：亡绝续之秋
　　　　　——读《曾经风雅》有感
117　金雨欣：红楼之奇
　　　　　——读《红楼梦》有感
121　彭　康：自然之法
　　　　　——读《谈谈方法》有感
127　李青雨：与深如大海之无涯苦难奋然为敌
　　　　　——读《哈姆雷特》
132　谭　毅：心中的飞鸟
　　　　　——读《飞鸟集》有感
136　陈智超：谁道落花无情意？
　　　　　——读《人间词话》有感
141　李静萱：从前车马很慢

——读《查令十字街 84 号》有感
146　钟云龙：读《小王子》有感
150　邓亚雯：读《史记》有感
155　欧阳光：关键词：伦理
　　——我读梁漱溟及《中国文化要义》
162　刘　行：我与纳兰同心字
　　——读《饮水词笺校》有感
167　蒋罗林：想象中的天国与尘世
　　——读《耶路撒冷三千年》有感
173　王子昕：中国哲学精神
　　——读《中国哲学简史》有感
178　卢旭杰：惜春枉做梦中人
　　——晏殊《踏莎行》（小径红稀）赏析
182　王小雨：论语闲谈
　　——读《论语》有感
187　裴　锐：对抗虚无
　　——读《等待戈多》有感
193　张思慧：救赎与复活
　　——读《复活》有感
194　霍　彪：追求第四种汉堡模式
　　——读《幸福的方法》有感
194　附录

经典悦读（第九辑）目录

- 001　经典悦读　　　　　　　　　　　　徐　飞
- 001　曾向阳：此心光明
  ——读《传习录（上卷)》有感
- 007　薛逸凡：走出生活的舒适区
  ——读《围城》有感
- 012　杨静文：追寻美的旅程
  ——读《月亮和六便士》有感
- 020　于　磊：心怀善良
  ——读《沉思录》有感
- 024　张　异：扣好人生第一粒纽扣
  ——读《习近平的七年知青岁月》有感
- 029　郑　敏：未来人类该何去何从
  ——读《未来简史》有感
- 036　刘家璇：读《乡土中国》有感
- 042　罗舒钰：读《亲爱的安德烈》有感
- 048　李思思：读《雪国》有感
- 055　董　洁：读《人间词话》有感
- 061　邓浩宇：《动物农场》启示录
- 066　孙　鹏：行者在世间行走
  ——《在路上》读后感
- 072　邢婉彰：浮生似梦，唯爱永存
  ——读《浮生六记》有感
- 078　赵泽昌：一场希望与命运的博弈

　　　　——《肖申克的救赎》读书报告

084　朱志轩：《钟形罩》下的挣扎、疯癫与妥协
093　金　娜：《活着》读后感
099　崔启亮：《2018》读后感
105　曾　琪：爱恨嗔痴皆已逝，千载谁堪伯仲间？
　　　　——读《诗经》有感
110　霍睿哲：《寂寞圣哲》读后感
115　高浥烜：古典诗歌的另一种解读
　　　　——读葛兆光《汉字的魔方》
121　马雪坤：孤独之旅
　　　　——读《百年孤独》有感
127　施庆洁：读《白鹿原》有感
132　邱　宁：沧桑的轮回
　　　　——读《生死疲劳》有感
139　陈　炜：幻　灭
　　　　——读《雪国》
146　杜玢翰：浪漫主义与英雄
　　　　——读《二十年后》有感
151　李欣芮：应似飞鸿踏雪泥
　　　　——读林语堂《苏东坡传》有感
156　郭润媛：一个时代的缩影
　　　　——《哈姆莱特》读后感
161　江　雯：情与美的启蒙
　　　　——《小王子》读后感
165　顾晨曦：生活的底色
　　　　——读夏目漱石的《我是猫》有感